AF317167

BONAPARTE
CONSUL A VIE.

Par le Chev. HERBERT CROFT, Baronnet anglois.

Le 22 Mars 1594, Paris lui ouvrit ses portes. Henri pardonna à tous les Ligueurs. Dès qu'il se vit au Louvre, il dit au Chancelier : *Dois-je croire que je suis où je suis ? Plus j'y pense, moins je le conçois. Il n'y a rien de l'homme dans tout ceci : c'est un ouvrage du Ciel.*

Nouveau Dict. historique, 7.me Éd. 1769, article, Henri IV.

A PARIS, chez Ch. Pougens, Imprimeur-Libraire, Quai Voltaire, N°. 10.

A LILLE, chez Vanackere, Libraire, Grand'Place.

An XI (1803).

» Il n'y a dans le monde que deux nations ; l'une habite l'Orient,
» l'autre occupe l'Occident. Les Anglois, les François, les Allemands,
» les Italiens, etc. soumis au même code civil ; ayant les mêmes
» mœurs, les mêmes habitudes et presque la même religion ; sont,
» tous, membres de la même famille : et les hommes, qui veulent
» rallumer la guerre parmi eux, veulent *la guerre civile* ».

Bonaparte à M. Fox, 15 fructidor an 10, 2 septembre 1802.

Souffrons que la raison éclaire, *enfin*, nos ames!
Nous sommes vos voisins. —
Pourquoi nous déchirer par *des guerres civiles ;*
Où la mort des vaincus affoiblit les vainqueurs,
Et le plus beau triomphe est arrosé de pleurs?

P. Corneille. Horace. I. IV.

Il veut une paix, dont tous les partis soient contens ; qui finisse
toutes les jalousies, qui appaise tous les ressentimens et qui guérisse
toutes les défiances.

L'Archevêque de Cambrai. Télémaque. Liv. **XI.**

A L'ARCHEVÊQUE

DE CANTORBÉRY, etc. etc. etc.

MONSEIGNEUR,

C'EST à mon condisciple, j'ose dire à mon ami M. Addington, le successeur de M. Pitt, que je dédiai mon sermon sur la paix; comme un témoignage de mes propres obligations, et de celles que je pensois lui être dues par l'Europe entière, pour avoir contribué à finir une guerre si dispendieuse, si étendue, si sanglante et si extraordinaire.

J'ai, assurément aussi, des obligations à votre Grace, pour les sentimens qu'elle a daigné exprimer plus d'une fois, en apprenant les malheurs que j'ai éprouvés, pendant près de vingt ans écoulés depuis que mon illustre ami, l'évêque Lowth, pria le nouvel archevêque de Cantorbéry, de s'unir à lui pour m'être utile. Mais ce n'est point par ce motif que je demande à votre Grace la permission de lui présenter ce petit ouvrage.

Mon desir, Monseigneur, est de prouver à celui qui est placé, où il doit être, au poste le plus éminent dans notre église, que je ne la déshonore point par le travail dont je me suis occupé.

Je suis ecclésiastique ; et l'évêque Lowth savoit que je l'étois devenu par choix, et non par des vues intéressées. Comme, en ce moment, des circonstances qui regardent ma famille ne me permettent pas de remplir mes devoirs en Angleterre ; je ne vois pas de moyen d'être plus utile, qu'en donnant au public, et (j'ose me flatter) à la postérité, cet écrit que je desire de dédier à votre Grace. Le monde est plus grand que ma paroisse de Prittlewell, située dans les *marais d'Essex : en me montrant l'ami de tous mes semblables, j'espère de ne pas passer pour mauvais ecclésiastique Anglois : et, si j'ai raison, dans ce discours, adressé à la France, à l'Angleterre et à toutes les nations, je puis être réellement plus utile, qu'en faisant un sermon.*

Un jour qui n'est pas loin peut-être, je retournerai, Monseigneur, avec mes enfans, pour remplir mes devoirs ecclésiastiques ; et pour jouir des loix, de la liberté et du bonheur de mon pays, si justement l'envie des étrangers.

Peut-être, alors, que cet ouvrage, et un autre que je médite dans la confiance d'être généralement utile, prouveront jusqu'à quel dégré, j'ai toujours ambitionné, et constamment tâché durant plus de trente ans de ma vie, d'avancer le bonheur public, selon mes humbles moyens (*).

Comme donc il est clair que je ne voyage pas avec des vues assurément moins patriotiques ou philantropiques que notre évéque de Winchester (North), à qui il a été permis, pendant

---

(*) Voyez l'appendice, 2.ᵉ article.

quelques années, de parcourir l'Europe; puis-
je compter, Monseigneur, que mon absence ne
fera pas tort à mes intérêts auprès de vous?
que votre Grace et les autres Chefs de notre
Eglise, sans excepter l'évêque de Winchester lui-même, s'il est alors en Angleterre,
ne me croiront pas moins digne de passer la
fin de mes jours et la soirée d'une vie assez
malheureuse, dans les devoirs et la tranquillité de quelque ministère, un peu plus
important que Prittlewell; précieux gage,
en même temps, de l'amitié et de l'estime du
grand Lowth?

Après tout, je n'aurois pas assurément pris
la liberté de présenter cet ouvrage à un *Arche-*
vêque de Cantorbéry, et sur-tout à votre Grace;
s'il étoit l'éloge aveugle d'un Conquérant, teint du
sang de nos compatriotes et de ses semblables:
si je ne parlois pas, ici, de la fin de crimes incon-
nus aux enfers (*comme le pieux auteur d'Athalie*
et d'Esther fait dire à sa Phèdre); et du règne
heureusement rétabli de la religion et des vertus: si, enfin, Monseigneur, je n'avois pas
conçu et exécuté mon ouvrage comme en pré-

sence de Dieu, et n'avois pas toujours eu devant les yeux tout ce qui regarde les intérêts des atômes humains rampans sur un atôme de planète ; tout ce qui concerne et ce monde, où nous végétons, et un autre monde, où nous espérons de vivre ; la félicité de tous les hommes, et l'existence même de leur commun père aux Cieux — pardon, pour ce blasphème ! qui n'en est presque plus un, après les horreurs d'une telle révolution.

Mais j'ai, encore, une autre raison, pour m'honorer par cette épître dédicatoire. C'est que, si vraiment je ne m'abuse pas sur les intentions qui m'ont animé en écrivant, elles sont les mêmes qui vous inspirbient, Monseigneur, lorsqu'en juin dernier, offrant à Dieu de publiques actions de grace pour le bienfait de la paix, vous composâtes cette nouvelle, consolante et sublime forme de prière.

« Seigneur, notre créateur et protecteur, toi
« qui as fait du même sang, toutes les nations,
« sur toute l'étendue de la terre ! hâtes, nous
« t'en prions, cet heureux temps, où nous ne
« verrons plus les nations lever l'épée contre

« *les nations, et où l'on n'apprendra plus le*
« *métier de la guerre! où la paix sera l'ouvrage*
« *de la vertu, et l'assurance d'une tranquillité*
« *éternelle le fruit de ses travaux! etc.* »

C'est ce temps, promis par l'auteur de notre religion, que je cherche, humblement, à accélérer: ou, si un tel bonheur n'est pas fait pour nos jours, je serai trop heureux que ce petit livre puisse éloigner de nous toutes les calamités de la guerre, ne fût-ce que pour un peu de temps! L'auteur d'une telle invocation ne dédaignera pas d'accepter un tel ouvrage.

Après la citation de cette prière, et en m'adressant, Monseigneur, à quelqu'un de votre caractère public et de vos vertus particulières, il ne me sera pas reproché d'y mêler, moi-même, le grand nom de Dieu.

On ne qualifiera pas d'Homélie, en Angleterre, ce que je vous offre, Monseigneur: et, si cela arrivoit, je n'en rougirois pas; car je partagerois le sort qu'essuya, chez nous, le digne ambassadeur des Provinces-unies (que nous allons voir loué par Bonaparte), parce qu'il écrivoit, en philantrope, au Duc de Newcastle:

« *Puissiez-vous*

— « *Puissiez - vous bannir cet art perni-*
« *cieux, que la discorde a enfanté pour exciter*
« *les hommes à se détruire mutuellement! Mi-*
« *sérables politiques, qui substituent la ven-*
« *geance, la haine, la méfiance, l'avidité, aux*
« *préceptes divins de la gloire des rois et du*
« *salut des peuples!* »

Je finis donc cette épître dédicatoire, en
me servant des propres mots de l'évêque de
Clermont, à la fin de ses dix sermons, si
admirés.

« *Faites-en, Grand Dieu! un Roi, selon*
« *votre cœur; c'est-à-dire, le père de son peuple!*
« *le modèle des mœurs publiques! le pacifica-*
« *teur, plutôt que le vainqueur, des nations!*
« *l'arbitre, plus que la terreur, de ses voisins!*
« *et que l'Europe entière envie plus le bonheur*
« *de la France, et soit plus touchée de ses*
« *vertus, qu'elle ne soit jalouse de ses victoires*
« *et de ses conquêtes!* »

Ainsi finit le Petit-carême, que la religion,
le patriotisme et l'éloquence, inspiroient à
Massillon, pour l'instruction de son roi, le
petit-fils de Louis XIV. Il faut espérer que

l'archevêque de Paris, de qui tous les François disent autant de bien que tous les Anglois de leur archevêque de Cantorbéry, ne manquera pas de prêcher, en public et en particulier, ces vérités, toujours si utiles mais aujourd'hui si nécessaires, devant celui, qui, selon ce digne prélat, est un autre Cyrus, destiné par le Seigneur à rétablir sa maison (*) ; *et qui jusqu'à présent a fait que la place auguste, qu'il occupe,*

(*) Dans la lettre pastorale que M. l'Archevêque de Paris vient de publier, l'orateur chrétien parle des troubles de l'état et de l'église, et il poursuit en ces termes.

« Tout-à-coup, un homme, la terreur de l'Orient, reparoît sur le sol de la patrie. La fin du châtiment est arrivée. Tout sembloit désespéré, et tout change en un clin-d'œil. *Dieu qui marchoit autrefois devant Cyrus, prépare tout devant l'homme de son choix.* A son aspect, les factions qui déchirent l'intérieur sont renversées. —— C'est, pour ainsi dire, sur le champ de Marengo, que le héros françois, touché des plaies de l'humanité, médite le rétablissement de la religion, et l'œuvre de la pacification générale. Les vains triomphes des conquérans ne sont plus à ses yeux qu'une pompe lugubre; c'est un triomphe de paix, de liberté, de gloire qu'il ambitionne. *Et le Seigneur qui le destine à rétablir sa maison,* applanit tous les obstacles etc. »

s'honore moins, en lui, des talens même qui font les héros, que des vertus pacifiques d'un Marc-Aurèle, d'un Charlemagne, d'un *Alfred* et d'un *Henri IV*.

J'ai l'honneur d'être, avec le plus profond respect,

MONSEIGNEUR,

etc. etc. etc.

HERBERT CROFT.

Lille, 1.er Janvier 1803.

L'auteur a été pénétré, jusqu'au fond de l'ame, de lire les injures que les journaux anglois et françois se sont permises, depuis la paix. Pour cette raison, je me fais un plaisir d'orner une page, qui sans cela resteroit blanche, de ce que trois François en place ont dit de nous, le jour même de la communication du traité de paix définitive ; et que le journal officiel se hâta de publier, le lendemain, devant l'Europe.

Pour dire la vérité, je voudrois que mes jeunes compatriotes insoucians, qui courent de Londres à Paris, pour dix jours, et y tiennent peut-être mille propos imprudens, transcrivissent et missent dans leurs porte-feuilles, avec leurs lettres de credit, ces morceaux d'une *véritable* et UTILE éloquence, qui vaudroient bien autant pour eux, et même plus, s'ils étoient devenus membres du parlement, à l'âge mûr de vingt-un ans.

« Pour le repos du reste du monde, il n'y a plus d'Océan ni de « Pyrénées qui les séparent ». LOUJOY, Présid. du Corps-législatif.

« Le traité que vous annoncez, citoyens orateurs du Gouvernement, « est le complément de tous ceux qui l'ont précédé. L'enthousiasme « qu'il vient d'exciter en Angleterre, prouve combien est sincère la « réconciliation entre deux peuples qu'une fausse politique divisa trop « long-temps, et qu'un égal amour pour la liberté, et des rapports « nécessaires doivent unir à jamais ». CHABOT, Présid. du Tribunat.

« Ainsi donc, reposés tout-à-fait des longues fatigues de la guerre, « nous allons désormais vivre en bonne intelligence avec les illustres « voisins qui nous devancèrent dans la carrière de la liberté ; ainsi « il ne restera plus entre nous d'autres motifs de rivalité que dans la « louable émulation d'accroître le cercle des connoissances utiles, et « d'arriver à la perfection du bien. Ils verront, ces honorables insu- « laires, que ces mêmes François, qui dans les camps ne trouvèrent « point de vainqueurs, sauront aussi se montrer dignes de lutter avec « eux dans cette lice nouvelle de belles découvertes, de conquêtes « pacifiques et de véritable gloire. Tel sera l'un des plus grands « avantages de la paix. La paix ! comme ce mot est doux à pronon- « cer ! » etc. FÉLIX-FAULCON, du Corps-législatif. — Le Moniteur, 17 floréal, an 10 (7 mai 1802).

Pendant que s'imprimoit cette page, j'ai vu, ce que la France verra sans doute avec plaisir, dans les discours prononcés à l'ouverture du nouveau parlement (le 23 et 24 novembre 1802), que M. Addington et M. Fox partagent les sentimens de ces vrais philantropes ; ainsi que mon opinion émise ci-dessus, sur les gazettes incendiaires, qui sont également les ennemies des deux nations.

PRÉFACE

véritablement écrite avant l'ouvrage, et qui ne doit pas être lue après.

Nous avons beaucoup trop de livres; et les livres, que nous avons, sont beaucoup trop longs. Malheur et opprobre éternel à l'écrivain, qui met la main à la plume, sans être persuadé que ce qu'il va composer ajoutera quelque chose au bonheur de ses contemporains, et servira en quelque manière la postérité! L'écrivain peut se tromper; mais tels doivent être son objet et son but: surtout, quand des révolutions, que nous avons, tous, vues de trop près, ont prouvé que nous devons changer, et beaucoup changer, la nature des livres que nous écrivons pour les autres; et, même, l'espèce de ceux que nous lisons, ou faisons lire à nos enfans.

Voilà les motifs qui m'ont déterminé et m'ont donné le courage de prendre la plume.

Quant à l'auteur; je suis Anglois: mais avant tout je suis homme; et je ne puis me persuader que les François et les Anglois soient nécessairement nés pour être ennemis, et pour s'entre-déchirer comme les bêtes féroces de deux forêts de la même contrée, parce qu'ils sont voisins sur cette petite fourmillière que nous habitons, et ne sont séparés que par les sept lieues de distance de Douvres à Calais.

Je suis homme: et j'ai vécu un demi-siècle. Pendant cette période si mémorable, j'ai vu, et considéré d'assez près, les deux honteux partages de la Pologne, la révolution de la nouvelle Angleterre et celle de la France.

Je suis Anglois: et j'arrive en France, après la paix si desirée et si heureuse d'Amiens, pour des raisons qui regardent mes enfans. Je m'arrête à Lille, dans la vue d'y passer quelque temps avec mes amis : avant d'aller à Paris admirer les trésors de l'antiquité , de la Grèce et de Rome; et contempler la physionomie d'un homme, plus grand, plus prodigieux et plus aimé par la fortune qu'aucun de ceux que l'antiquité a connus, et dont il y a apparence que le nom *fatiguera le temps*.

A peine arrivé en France , je trouve ses habitans occupés à déterminer cette question, mémorable et sans exemple à plus d'un titre, NAPOLÉON BONAPARTE SERA-T-IL CONSUL A VIE?

Dans un tel moment, un Anglois nécessairement
pense; quand il voit cette élection se conduire
d'une manière différente de quelques-unes d'entre
celles qui se font chez lui, au même moment,
pour remplir le nouveau parlement: et, sur-tout,
en qualité de compatriote de Cromwell, quand
il se souvient que cet hypocrite audacieux, doué
seulement d'un grand courage, sauta sur le trône,
sans être, comme dit Gray, *guiltless of his
country's blood;* sans aucune élection; et sans
avoir rendu le moindre service national, même
dans la guerre qui étoit tout son fort, si ce n'est,
selon ses aveugles admirateurs, d'avoir su, déguisé
lui-même, à ce que dit l'histoire, en bourreau
masqué, couper de ses propres mains la tête de
son roi.

Je ne dis pas, avec Voltaire, que « les Anglois
« pensent mieux que les autres Peuples (*); »

(*) La Fontaine dit à Madame Harvey. Liv. 12. Fab. 23.

« — Les Anglois pensent profondément.
« Vos gens, à pénétrer, l'emportent sur les autres:
« Même les chiens de leur séjour
« Ont meilleur nez que n'ont les nôtres.
» Vos renards sont plus fins ».

Le Poëte auroit-il voulu traduire, ici, le nom de M. Fox, que Paris
a accueilli, depuis la paix, avec tant d'empressement?

Voltaire tient souvent le langage que j'ai cité. Il dit à M. Fakener,

mais ne peut-il pas arriver que les François aiment
à savoir comment un étranger, un Anglois, a pu
être frappé par cette question intéressante et
inouïe, et par la réponse de trente-trois millions
d'hommes? Je n'ai pas voulu dire ce que je pensois,
avant que cette auguste réponse ne fût prononcée:
à présent qu'elle est connue, je demande la permission d'exposer l'opinion d'un *étranger*, sur
cette matière si importante.

Il est une espèce de paradoxe que Jean-Jacques auroit pu hasarder, comme il en a hasardé tant
d'autres plus dangereux — savoir jusqu'à quel
point on peut rendre service, non-seulement aux
pays, mais encore aux arts même, auxquels on
est *étranger*.

Jean-Jacques lui-même, né pour orner plus
tard la littérature, lui étoit encore *étranger* à
l'âge de quarante ans : Renau, à qui malgré
sa jeunesse le fameux Duquesne céda le
pas, et à qui Vauban donna son amitié; le

petit

---

en tête de sa tragédie de Zaïre : « L'art de plaire semble l'art des
« François, et l'art de penser paroît le vôtre. Heureux, Monsieur,
« qui, comme vous, les réunit ! »

Hélas ! mes critiques vont trouver, peut-être, qu'il n'est pas impossible pour un Anglois d'être également étranger à l'un et à l'autre
de ces deux arts nécessaires.

petit Renau, sans avoir jamais servi sur mer, étonna Louis XIV et ses Capitaines, par son invention des galiotes à bombes et par son bombardement d'Alger : et cet illustre, ce malheureux Jean de Wit quitta, à un âge mûr, ses études de théologie, de mathématiques et de jurisprudence, pour diriger les flottes de sa patrie et battre l'ennemi sur un élément, où il étoit alors tout-à-fait *étranger.* Le Maréchal de Catinat, le vainqueur de Stafarde et de la Marsaille, étoit encore avocat à vingt-trois ans: Albéroni, à l'âge où les autres ont presque fini leur éducation, étoit encore, comme son père, simple jardinier de Plaisance ; Albéroni, ce Cardinal, qui devoit unir la fierté de Richelieu à la souplesse de Mazarin, et se servir de Charles XII et de Pierre-le-Grand comme de ses leviers pour bouleverser l'Europe: enfin, Cromwell comptoit neuf ans de plus que n'en avoient Alexandre à sa mort et Bonaparte au moment de son élection à vie, avant d'avoir peut-être jamais encore vu une épée hors du fourreau, à coup sûr avant d'avoir quitté sa brasserie.

Quant à l'autre partie moins hardie de ce paradoxe, concernant les services dont un pays peut être redevable à des *étrangers* — c'est une chose qui ne seroit pas bien difficile à prouver.

C

A qui devons-nous les meilleures descriptions de diverses contrées de l'Europe? Ce n'est pas toujours aux indigènes. Le lieu qu'on connoît le moins est souvent celui qu'on a habité dès l'enfance.

C'étoit la coutume de la plûpart des Villes grecques de confier à des *étrangers* l'établissement de leurs lois : les Républiques modernes de l'Italie imitèrent souvent cet usage ; celle de Genève en fit autant, et s'en trouva bien (*). Jusqu'à notre Hume, la seule bonne histoire d'Angleterre, comme a dit Voltaire avec raison, étoit celle écrite par un *étranger*, Rapin-Toiras ; qui lui-même succéda dans cette carrière à un autre François, le bon Froissard (**) : et, jusqu'à nos jours, le meilleur ouvrage sur notre constitution, est celui qui fut publié, il y a plus de trente ans, par un Suisse, mon ami M. De Lolme. Notre grand Bacon dit « qu'un roi patriote encourage les *étrangers* « à voyager dans ses états, et à faire part au « public de leurs remarques ; car le mal et le bien « se présentent à leurs yeux, dans des choses où « nous sommes aveugles : » Madame de Motteville

____

(*) Rousseau, Contrat social. 2. VII.

(**) Voyez l'appendice.

dit, de la Reine de Suède, Christine, qu'elle
« apprenoit aux François ce qu'ils ne savoient
« pas de leur pays » (5. 221.): M. Depradt,
dans son ouvrage utile *De l'état de la culture
en France* (2. vol. in-8.º), dit que notre
« Arthur Young mérite le nom de restaurateur
« de l'agriculture françoise, comme jadis Olivier
« de Serres mérita d'en être regardé comme le
« père : » et ce père de la France revivifiée, ce
premier Consul de la République françoise, ce
Président de la République italienne, gouver-
nera peut-être mieux les Empires de Charlemagne
et de César, pour bien des raisons, et entr'autres
pour celle même qu'osent mettre en avant ses
ennemis ou plutôt ceux de la France, *qu'il n'est
entièrement ni Italien ni François.*

Enfin, pour parler généralement, les savans
qui suivoient Bonaparte, ses soldats même,
observoient les pyramides bien autrement que ne
les observe l'Arabe, habitué à les voir, pendant
que son chameau repose près de leurs bases à
l'abri du vent du désert : et le voyageur, sans avoir
beaucoup de goût, examine, à Rome, l'église
de St. Pierre et ce sublime panthéon, avec un
œil plus curieux au moins, que celui dont l'enfance étoit accoutumée à jouer sous les ombres
de ces chef-d'œuvres de l'architecture.

Comme *étranger* donc, mais sans avoir des prétentions supérieures à celles que peut justifier un tel titre, je vais dire ce que je pense.

On lira, dans mes *Mémoires pour servir à l'histoire de George III et des Souverains contemporains*, quelles raisons j'ai de croire que tout ce que je pense, en ce moment si important, auroit été l'opinion d'un des hommes les plus sages, sans contredit, que notre pays ait jamais produits — de l'avant-dernier comte de Mansfield, l'ami de Bolingbroke et de Pope. Je me trouvois assez heureux de m'entretenir souvent avec ce fameux politique, pendant la révolution de la nouvelle Angleterre, quand je suivois le barreau, il y a vingt-cinq ans ; j'ai traité même plusieurs sujets, qu'il se plaisoit à nous proposer, à moi et à M. Lind, l'ami de Stanislas-Auguste, dernier roi de Pologne, le précepteur de son neveu et l'auteur des « *Lettres sur l'état* « *actuel de la Pologne*: » j'ose dire que ces deux véritablement grands hommes penseroient, aujourd'hui, comme moi. — Assurément, si mon lecteur trouve la moindre chose à louer dans cet essai, je dois tout à leur amitié et à leur expérience. Quoique Lord Mansfield n'ait pas tenu les promesses, que j'ai de lui par écrit, je

lui rendrai toujours justice vis-à-vis de la postérité : et, quoique plus de vingt ans se soient écoulés
depuis le moment où Jean Lind mourut entre
mes bras et où je fermai son tombeau en gravant
dessus l'expression de ma douleur, je n'oublierai
jamais ni ses talens, ni notre amitié, ni mes
obligations.

« Mais, après tout, est-ce à un étranger, un
« Anglois, à venir nous menacer de ses sermons
« politiques, se mêler de nos affaires *intérieures*
« et discuter nos intérêts *nationaux* ? »

Oui, François : car ils sont aussi nos intérêts.
— Est-il quelqu'habitant d'un état policé, quelqu'homme civilisé, qui ne tourne ses yeux avec
inquiétude vers votre palais consulaire ? La paix
intérieure de la France n'est pas seulement liée,
de la manière la plus étroite (comme je pense,
au moins, ou je n'écrirois pas), à la paix extérieure et intérieure de l'île voisine qui a trop
souvent été sa rivale, mais à celle de chaque
pays de l'Europe ; à celle du plus humble État,
du coin du monde le plus retiré et le moins
étendu. J'ose même demander, quel est l'individu le plus éloigné de Paris, quel est l'habitant
de la dernière île découverte par Cooke ou par
Lapeyrouse, qui ne puisse et ne doive dire, aujour-

d'hui, aux François — *votre repos est notre repos; votre félicité est notre félicité?*

J'ose demander plus — quel est le Souverain, le mieux affermi sur son trône et le plus environné de l'amour de ses sujets, COMME EST LE NÔTRE, qui ne doive s'intéresser à la conservation du premier Consul? Peut-être même en est-il, dont Bonaparte pourroit dire, après le grand poëte de la France,

« Et ma tête en tombant feroit choir sa couronne (*)? »

Hélas! que n'arriveroit-il pas, en France, en Angleterre, à la Chine, et jusqu'aux Antipodes, si trente - trois millions d'hommes venoient à se vouer, encore une fois, à l'anarchie, à l'athéïsme, au meurtre, au pillage, à tous les forfaits, en un mot à la vraie barbarie; après en avoir fait l'horrible essai, pendant plus de dix ans? et sur-tout après avoir RETROUVÉ leur unique prospérité, leur unique salut, dans l'ordre, la sureté et la protection d'un vrai gouvernement, et dans les principes et les promesses de la vraie religion? — L'état de la France seroit nécessairement mille fois plus affreux que pendant la fureur

____

(*) P. Corneille. Le Cid. A. 2. S. 1.

des révolutions que Bonaparte vient de finir ; et je suis persuadé que jamais ce peuple ne tombe-roit dans un tel abîme, sans y entraîner après luibien d'autres peuples.

Mais seroit-il possible, encore, que l'on soup-çonnât mes intentions, pour avoir rendu justice à un homme qui, naguères, étoit le plus grand ennemi de mon pays ? — Quelles intentions peut-on suppo-ser à un étranger, à un baronnet anglois ; en louant celui, qu'il n'a pas encore vu, et qu'il trouve véritablement digne des éloges, que tout homme sensé lui accorde ? Les *honorables insulaires* (*) de Félix-Faulcon ne sont pas nés pour venir flagorner aux oreilles d'un premier Consul. Un Anglois est bien le maître, comme tout le monde, de peindre un de ses semblables tel qu'il le voit : et moi, je ne crois pas tout-à-fait que je sois capable d'une bassesse, devant l'Europe et devant la postérité, bassesse qui seroit même inutile sous tous les rapports, qui seroit méprisée par le plus bas de mes compatriotes, quand j'ai le caractère d'un ecclésiastique à soutenir ; quand des révolu-tions ne me forcent pas de quitter le titre de mon ancienne famille ; et quand je suis assez fier de

―――――――――――――――――――

(*) Voyez la page qui précède cette préface.

me trouver descendu d'un digne évêque de Hereford (Herbert Croft), et d'Owen Glendower, immortalisé par Shakespeare.

Pour conclure — notre pieux Johnson, l'ami de ma jeunesse, a dit, en parlant de Milton, dans ses *Vies des poëtes anglois* (où il m'a permis, il y a vingt-cinq ans, d'écrire celle d'Young), que si l'auteur du *Paradis perdu* ne lisoit pas régulièrement les prières d'usage dans sa famille, ses écrits sublimes et religieux pouvoient bien être comptés pour de continuelles prières adressées à son Créateur (*).

(*) « Quand il travailloit à des affaires pressantes, et qu'il ne « pouvoit assister à la messe, les jours ouvriers (car, les fêtes et « dimanches, il n'y manquoit jamais), il en faisoit comme ses excuses « aux Prélats qui se trouvoient à la Cour, et leur disoit : *quand je « travaille pour le public, il me semble que c'est quitter Dieu « pour Dieu même.* »

Péréfixe. Henri IV.

Galien, saisi d'admiration au milieu *d'une analyse anatomique du corps humain,* laisse tout-à-coup échapper le scalpel et s'écrie : « — O toi qui nous as faits! en composant *un discours si saint,* je « crois *chanter une véritable hymne à ta gloire!* Je t'honore plus en « découvrant la beauté de tes ouvrages, qu'en te sacrifiant des héca-« tombes entières de taureaux, ou en faisant fumer tes temples de « l'encens le plus précieux. » Gal. de usu part. 1. 3. c. 10. Voyez tom. 1. p. 232. du *Génie du christianisme ou beautés de la religion chrétienne* (5 vol in-8.°); ouvrage éloquent et utile de M. Chateaubriand, dont je parlerai dans mon appendice, et que je voudrois contribuer à faire connoître en Angleterre.

Qu'il

Qu'il me soit également permis d'espérer que, puisque je me trouve à présent hors de mon pays et loin de ma paroisse, ce petit écrit sera accepté par mon Créateur comme un hommage de ma religion, et comme une preuve de mes sentimens vis-à-vis de toutes ses autres créatures mes semblables!

Je prie Dieu, le père des catholiques et des protestans; le Dieu des Anglois et l'on peut dire encore une fois, depuis Bonaparte, celui des François — Je prie l'Être suprême, qui voit tout changer autour de lui dans l'univers sans changer lui-même, que l'ouvrage que je vais écrire puisse au moins contribuer à bannir toute espèce de rivalité entre la France et l'Angleterre, excepté cette *rivalité* vraiment *ambitieuse, qui dispute la gloire de soutenir le mérite et de récompenser les talens* (*)! à prouver que « *la paix est aussi*

(*) « Le Duc de Bourgogne, qui n'avoit encore atteint que sa
« onzième année, de son pur mouvement et sans y être porté par
« aucun conseil, envoya chez La Fontaine, pour s'informer de l'état de
« sa santé, et pour lui présenter, de sa part, une bourse de cinquante
« louis d'or. Il lui fit dire en même temps, qu'il auroit souhaité d'en
« avoir davantage; mais que c'étoit tout ce qui lui restoit du mois
« courant, et de ce que le Roi lui avoit fait donner pour ses menus
« plaisirs. Le Prince, par ses largesses, écarta la nécessité qui, comme
« nous l'avons vu plus haut, alloit bientôt livrer La Fontaine à *l'ambi-*
« *tieuse rivalité d'une nation* [les Anglois] *qui nous dispute la*
« GLOIRE DE SOUTENIR LE MÉRITE ET DE RÉCOMPENSER LES TALENS. »

Vie de La Fontaine.

D

« *glorieuse, que nécessaire,* » aux deux pays! à confirmer l'union rétablie entre « *les deux* « *nations les plus éclairées de l'Europe!* « et à retarder le moment funeste (oh, puisse-t-il ne revenir jamais!) où elles pourroient encore « *sacri-* « *fier* À L'IDÉE D'UNE VAINE GRANDEUR *les* « *bienfaits du commerce, de la prospérité inté-* « *rieure et du bonheur des familles!* » (*)

A cinquante ans, on ne compte pas sur des lustres; car le mortel le plus jeune et le plus vigoureux ne peut pas compter sur un instant. Convaincu, comme je suis, que tout ce que la vérité, le patriotisme et l'humanité vont me dicter, sur un homme tel que Bonaparte, passera, malgré la

---

(*) « Comment les deux nations, les plus éclairées de l'Europe, peu- » vent-elles sacrifier à l'idée d'une vaine grandeur, les bienfaits du » commerce, de la prospérité intérieure et du bonheur des familles? » Comment ne sentent-elles point que la paix est aussi glorieuse que » nécessaire? Ces sentimens ne peuvent être étrangers au cœur de » votre Majesté, qui règne sur une nation libre, et dans la seule » vue de la rendre heureuse ».

Lettre du 1.er Consul à sa Majesté le Roi de la
Grande-Bretagne et d'Irlande, 5 nivôse an VIII.

Quant à l'expression de Bonaparte *l'idée d'une vaine grandeur;* toute l'Europe doit la lire avec plaisir. Massillon dit aussi « — Jesus- » Christ vient, de tous les peuples, ne faire qu'un peuple; récon- » cilier toutes les nations; éteindre toutes les guerres : et c'est *la* » *vanité des grands* qui les allume et qui les éternise sur la terre. »
Le Petit-Carême. Pour le Vendredi-saint.

foiblesse de ma plume, aux siècles à venir, soit
dans la langue de Racine et de Fénélon, soit traduit
dans celle de Shakespeare et d'Addison; Je pro-
teste que, si j'étois sûr de mourir dans peu de
jours et de paroître devant le juge de tous les
hommes, je dirois, aujourd'hui, à mes enfans :
« Imprimez, après ma mort, ce que je vais
» écrire; et gravez sur ma tombe, puisque mon
» pays ne m'a pas permis d'y parler de mon dic-
» tionnaire national, gravez donc sur ma tombe
» modeste que je suis l'auteur de cet ouvrage,
» moins volumineux sans doute, mais peut-être
» encore plus important. Faire le moindre tort
» à ceux qui liront son livre, c'est ce qui ne peut
» entrer dans les intentions d'un moribond, et
» sur-tout de votre père. »

Si c'est trop de se trouver chargé d'une senle famille; si c'est assez d'avoir à répondre de soi seul; quel poids, quel accablement que celui que donne tout un royaume! Un souverain est-il payé de ses peines, par le plaisir que semble donner une puissance absolue? par toutes les prosternations des courtisans? Je songe aux pénibles, douteux et dangereux chemins, qu'il est quelquefois obligé de suivre pour arriver à la tranquillité publique : je repasse les moyens extrêmes, mais nécessaires, dont il use, souvent, pour une bonne fin : je sais qu'il doit répondre à Dieu même de la félicité de ses peuples, que le bien et le mal *est* (*) [*sont*] entre ses mains et que toute ignorance ne l'excuse pas : et je me dis à moi-même — voudrois-je régner? Un homme, un peu heureux dans une condition privée, devroit-il y renoncer pour une monarchie ?

De la Bruyère. Chap. X.

On résolut de le faire roi. Mentor s'en défendit sans s'émouvoir : il dit qu'il préféroit les douceurs d'une vie privée à l'éclat de la royauté ; que les meilleurs rois étoient malheureux en ce qu'ils ne faisoient presque jamais les biens qu'ils vouloient faire, et qu'ils faisoient souvent, par la surprise des flatteurs, les maux qu'ils ne vouloient pas.

Télémaque. Liv. VI.

(*) Voyez l'appendice, dernier article.

BONAPARTE
CONSUL A VIE.

PAR UN ANGLOIS.

IL y a trois ans, qu'après avoir passé quelque temps à chercher les étymologies des différentes langues pour mon travail national, j'étois occupé à finir une tragédie, près de la retraite classique de mon vénérable ami Klopstock. Le sujet de mon drame étoit le siège de Saint-Jean-d'Acre; illustrée, autrefois, par les croisades et par Edouard III, et, de nos jours, par Sir Sidney Smith et Bonaparte. Je me flattois que l'étude que je faisois, avec l'aimable auteur du MESSIE, de son poëme sublime et de ce que l'ÉCRASEUR Voltaire appelle *la majesté de l'éloquence de la Bible* (*), pourroit promettre quelque durée à mon ouvrage; et que ma plume même pourroit inspirer à mes compatriotes de l'horreur pour des François: qui, alors, sans vertus et sans mœurs, au moins sans Dieu comme sans gouvernement, s'obstinoient à soutenir une guerre inouïe, contre toutes les nations civilisées, et, pour ainsi dire, contre le Ciel.

(*) Voyez l'appendice.

A cette époque même, ma tragédie devoit représenter Bonaparte comme un grand homme; quoique le plus grand ennemi de ma patrie, et quoique forcé de lever le siège de Saint-Jean-d'Acre par mon compatriote et ses matelots. Il étoit déjà grand, par ses conquêtes, par son ardeur pour la gloire, et par ce que je savois de son caractère (*).

Parmi les anecdotes que j'avois apprises sur ce fameux siège, celles qui ne faisoient pas honneur aux François, je les attribuois aux conseils des révolutionnaires qui avoient suivi Bonaparte en Egypte.

Quant au nouvel Alexandre, je le condamnois, ainsi que tout le monde, au moment où j'écrivois, à périr dans le fond des déserts, en ne laissant que son nom gravé sur la grande pyramide; ou bien, à

« — aller avec Pharaon se noyer dans les mers (**). »

Mais, hélas! pour le malheur de ma tragédie, dans le même moment, ce jeune homme lançoit

---

(*) Desirant me mettre au fait du vrai caractère d'un être si extraordinaire et si admiré, à l'occasion de cette tragédie et de mes *mémoires*, j'ai recueilli quantité d'anecdotes que je tiens de la bouche de diverses personnes. Camarades d'école et compagnons d'armes, admirateurs et rivaux, amis et ennemis; en descendant même jusqu'à quelques individus accoutumés à le voir dans son intérieur domestique; il n'y a guère de classes dans la société que je n'aie eu l'opportunité d'interroger : et, depuis les cinq ou six années que le monde a commencé à parler de Bonaparte, j'ai suivi ces recherches curieuses dans le nord de l'Europe, en Angleterre et dernièrement en France.

Mes lecteurs ne seront pas fâchés de trouver, dans une autre partie de mon ouvrage, les plus frappantes de ces anecdotes. Elles contribueront à soutenir l'opinion que je vais mettre sous les yeux du public, et, au moins, je promets qu'on n'y lira rien qui soit copié d'ailleurs.

(**) L'art poët. I. 26.

ses regards pénétrans vers l'Europe ; faisoit voile d'Aboukir, immortalisé par lord Nelson du Nil ; échappoit à tous les vaisseaux anglois ; passoit cinq jours, avec sa mère et sa famille, à Ajaccio, immortalisé par sa naissance ; arrivoit en France, déchirée par le démon de la discorde ; et partoit de Fréjus, le lendemain, pour effectuer à Paris, en vingt-quatre heures, et sans qu'une goutte de sang fût versée ni même un seul individu privé de sa liberté, la révolution du 18 brumaire an VIII (9 novemb. 1799), qui j'espère bien sera la dernière dont le monde aura besoin.

Ce sont de pareils bienfaits publics, qui donnent à l'homme l'apparence d'un être plus qu'humain ; mais ce n'est pas seulement d'ingratitude que nous les payons, aussi-bien que les services particuliers. Nous oublions, souvent, de les avoir jamais reçus : nous nous conduisons, souvent, presque comme s'ils venoient de nous-mêmes. Johnson, en rendant justice à la mémoire de Dryden, ce grand poëte et grand prosateur, parle de ses savantes préfaces, qui ont si bien instruit un public si ingrat. « L'érudition, dit le biographe, « quand elle est une fois rendue commune, cesse « d'être l'érudition ; elle a l'apparence de quelque « chose qui vient de nous-mêmes ; comme la « rosée semble venir des prés, sur lesquels le « Ciel la laisse tomber pour les rafraîchir ». Cette conduite des hommes vis-à-vis leurs bienfaiteurs humains, que même le mot d'*ingratitude* ne suffit pas pour caractériser, paroîtra moins extraordinaire en observant que nous recevons des mains de notre Créateur, chaque matin quand nous nous éveillons, les meilleurs de tous ses bienfaits inexprimables, *la lumière*, *la santé*, LA VIE, sans

que personne, pour ainsi dire, songe à remer-
cier Dieu, comme doivent le faire toutes ses
créatures. Parce que ces bontés sont répétées constamment, nous attendons leur constante répétition;
et nous en profitons, tous les jours de notre existence fragile, comme si nous avions le droit de
les demander; comme s'il n'étoit pas question de
gratitude de notre part, ni de tendresse paternelle de la part de Dieu.

Mais puisque Dieu, qui nous donne la rosée
et tous les biens de ce monde, le père de chaque
bienfait, soit public, soit privé, soit grand, soit
petit, se trouve insulté ainsi par plusieurs de ses
créatures, quelle espèce de gratitude de tels êtres
doivent-ils attendre les uns des autres?

Il n'est donc pas étonnant que, sur beaucoup
de François et sur d'autres peuples intéressés tous
à la tranquillité de la France, le ressouvenir ait,
de jour en jour, moins et moins d'effet, pour
ramener leurs esprits au 10 brumaire an VIII,
c'est-à-dire, au commencement de novembre 1799.

A cette époque mémorable, quand il s'éleva
encore une nouvelle tourmente; quand les affaires
étoient dans leur crise; quand le châtiment duroit
encore; et que tout sembloit désespéré, excepté
pour des Marat et des Robespierre; si l'on avoit
dit — « Le 18 de ce mois, les révolutions fran-
« çoises seront tout-à-fait finies ;

« Et, peut-être, en ce jour, vos yeux seront témoins
« De ce que votre esprit s'imagine le moins (*). »

On auroit été cru beaucoup moins que Voltaire,
en 1758, avec sa menace blasphématoire de *vingt
ans* (**).

(*) P. Corneille. Pompée. A. 1. S. 3.
(**) Voyez l'appendice.

Si l'on avoit ajouté — « Mais, supposons que
» cette prédiction, quoiqu'improbable, soit vraie :
» dans combien d'années peut - on espérer que
» de telles révolutions seront suivies de la paix
» universelle et de la tranquillité intérieure ? »
— On n'auroit pas osé répondre ; sinon dans les
propres termes d'un des premiers auteurs de
ces malheurs révolutionnaires : *Il faut du temps
pour corriger des abus introduits par le temps.* (*)

Si, cependant, alors, on avoit fini par dire
aux François — « Mais tout sera assurément
» fini, le 18 : cette paix universelle, cette tran-
» quillité intérieure, vous les verrez, l'une et
» l'autre rétablies : et, par une libre élection à
» vie d'un premier Magistrat, par le pouvoir
» qu'il aura de se nommer un successeur, comme
» par d'autres réglemens salutaires, vous vous
» retrouverez, presque tout-à-coup, aussi tran-
» quilles, aussi rassurés contre toute commotion
» que sous le meilleur de vos anciens rois : en
» moins de trois ans, du moment où je vous parle,
» c'est - à - dire, avant le 18 brumaire an XI (9
» novembre 1802), vous verrez votre nouveau
» Chef, admiré et chéri de tous ses compatriotes ;
» reconnu, comme premier Magistrat de la
» France, par tous vos ennemis ; en paix par-
» faite, *sincère* et SOLIDE, avec toutes les puis-
» sances ; hautement remercié par les émigrés,
» qu'il rappellera des quatre parties du monde,
» sous l'influence d'une humanité et d'une pru-
» dence inconnues à Louis XIV, quand il révo-
» qua l'édit de Nantes ; sincèrement approuvé,
» dans toutes ses mesures sages et conciliatrices,

_____

(*) Voltaire. Comment. sur *le Cid.* A. 1. S. 4.

» par le reste des royalistes même les plus déci-
» dés ; dignement encensé par la religion, qu'il
» replacera presque miraculeusement sur ses au-
» tels antiques et éternels : enfin, vous le verrez,
» comme la sagesse personnifiée de Fénélon chez
» Idoménée (*), voyager à Rouen, au Hâvre etc.
» avec une sollicitude vraiment paternelle, et qui
» s'étend jusques aux moindres détails du paisi-
» ble ménage des simples paysans ; par - tout, il
» sera accueilli , comme un père bien - aimé
» dans le sein de sa famille ; il passera, par-
» tout, au déclin du jour, pendant la nuit, à
» toutes les heures de l'assassinat, avec autant de
» sûreté, heureusement, que ce même père au
» milieu de ses propres enfans et de ses proches;
» et il retournera à son palais de Saint - Cloud,
» cet illustre Chef de la France *revivifiée* et
» REMORALISÉE (**), pour y recevoir les hom-
» mages des premières autorités constituées, et
» leurs justes remercîmens de toutes les peines
» patriotiques qu'il vient de prendre ». — Celui
qui auroit hasardé une telle prédiction, eût été
pris tout bonnement pour un insensé, ou pour
quelqu'un, comme il plaît à un François de dire
de certaines Dames angloises, *souverainement
bête.* (***)

(*) Télémaque. Liv. XII.

(**) Une révolution ruineuse a donné à la langue françoise le mot *démoraliser* : il est également dans la nature des choses qu'un gouvernement paternel doive autoriser l'usage du mot *remoraliser*.

(***) « Croiriez-vous qu'il ne suffit pas d'être invité par le maître d'une
» maison, d'être dans le même salon , par le même motif qui fait
» que les autres y sont, pour avoir le droit de parler à une femme ?
» Si on ne lui a pas été présenté directement, elle trouve choquant
» qu'on lui adresse la parole, et ne vous répond pas. Non-seulement

Voilà, cependant, j'imagine, comme il faut
que, François ou étrangers, nous reportions nos
pensées en arrière; pour apprécier toute l'étendue des obligations, que nous avons eues à un
de nos semblables, dans un temps où l'espérance,
qui est la vie du cœur de l'homme, étoit éteinte
presque par-tout.

Je prétends, aussi, que nous devons nous sup-
poser au 10 de brumaire par exemple, plutôt
qu'à l'époque si célèbre du 18 : il faut, pour notre
félicité actuelle, penser aux calamités qui précé-
dèrent ce jour presque religieux, plutôt qu'au
bonheur que toutes les nations lui doivent.

Je voudrois, donc, que chacun lût, et sur-
tout chaque François, dans la partie la plus ap-

» cela est *ridicule*, mais cela est SOUVERAINEMENT BÊTE ». Lettres
sur l'Angleterre. p. 173.

Quand l'accusation seroit fondée, l'expression n'en seroit pas moins
déplacée. P. 203 de son ouvrage, M. Fiévée accuse deux autres
Dames angloises de la BRUTALITÉ même; parce qu'elles ne trouvoient
pas bon qu'un étranger (M. Fiévée), descendant à leur auberge,
entrât dans leur chambre à coucher ; et parce qu'elles *se portoient
aux fenêtres, avec tout le monde,* pour voir ce que vouloit dire
un bruit dans la rue.

Un Anglois a peine à reconnoître, dans les expressions de M. Fiévée,
cette politesse, cette urbanité vis-à-vis des Dames, qui avoient fait
passer en proverbe ce vers de Voltaire —

« Des chevaliers françois tel est le caractère ».

Mais je vois bien que notre Burke avoit tort, quand il disoit, dans
son fameux livre sur la révolution françoise, que *l'âge de la che-
valerie étoit passé.* Voilà M. Fiévée, que j'ose proposer pour grand
maître de l'ordre ; il a fait ses preuves en Angleterre.

On verra dans l'appendice, que je rends plus de justice aux
intentions de ce *vrai patriote françois* (car je le crois tel), qu'il
n'en rend lui-même aux habitans de mon pays, de l'un ou de l'autre
sexe.

parente de sa demeure, tous les jours de sa vie, non pas le 18, mais

LE 10 BRUMAIRE AN VIII (1 Nov. 1799) ou un autre jour quelconque, antérieur à la renaissance de la félicité publique.

Le père de cet Alexandre, qui ne valoit pas notre héros du 18 brumaire, couroit beaucoup moins de risque d'oublier *qu'il étoit mortel*, que nous d'oublier ce que Bonaparte a fait alors pour tous les pays du monde, aussi-bien que pour sa patrie. Lecteurs, il faut être juste. Que chacun s'interroge et se demande : *Où étois-je, que faisois-je, que pensois-je, ce 10 de brumaire, quand personne n'osoit espérer la fin des misères publiques?*

C'est à quoi j'engage, sur-tout, mes lecteurs françois et italiens; dont la position étoit, à cette époque, si déplorable et si désespérée.

Oh ! que la tranquillité, la félicité ont courte mémoire, en comparaison du malheur et de la misère ! La misère se souvient de ses soupirs même les plus foibles; pendant que la félicité oublie ses plus longs gémissemens, et tout ce qu'elle a pleuré avec des larmes de sang.

J'ai entendu trois François différens déclamer contre le gouvernement consulaire(*), précisément comme si Bonaparte n'avoit pas sauvé la France du moindre trouble : et, cependant, de ces trois

---

(*) J'ose dire qu'un François n'est pas digne de jouir de l'état actuel de son pays, s'il ne pense de Bonaparte comme les bons habitans du département de l'Oise, dont le préfet parle ainsi, dans son adresse au premier Consul, à Beauvais, le 22 brumaire. « Quand ils trouvent » que quelque chose pourroit être mieux, ils disent — *Il n'a pas » encore eu le temps de faire cela.* »

orateurs, l'un avoit manqué d'accompagner le digne Barthélémy à Sinamary ; le second avoit à peine échappé aux griffes de Joseph Lebon ; et le troisième vit de près la mort, à ce moment infernal, où

« Les *bourreaux* ne pouvoient suffire aux sacrifices » :

car il se trouvoit en tête de la liste des victimes, condamnées sans jugement à être exécutées le lendemain du supplice de Robespierre.

Quelle n'est pas la bonté de notre Créateur, que nous puissions oublier, pour un seul instant, des misères pareilles ; sur-tout, quand nous-mêmes en avons été les victimes !

» — — — — Quæque ipsa miserrima vidi,
» Et quorum pars magna fui » !

Quant à moi, je me rappelle, souvent, l'époque où le retour de toutes ces horreurs menaçoit encore la France et même d'autres contrées.

Ce premier novembre 1799, je faisois voile de Cuxhaven, pour retourner en Angleterre. En descendant l'Elbe, je méditois sur mes malheurs particuliers et sur nos malheurs publics ; mais avec beaucoup d'inquiétude, sur tous les événemens, arrivés pendant que j'attendois un vent favorable. Mes compatriotes venoient de quitter la Hollande, sans les lauriers qu'ils s'étoient promis d'y cueillir : Suvarrow voyoit flétrir les siens, dans la Suisse : les alliés désespéroient, presque, d'en moissonner de nouveaux, en France : Bonaparte triomphoit, à Paris ; couronné des lauriers de l'Europe, de l'Asie et de l'Afrique.

Hélas ! j'étois au désespoir, comme tant d'autres, quand je voyois presque toutes les vertus bannies d'une si grande partie de la terre, et Dieu même chassé, pour ainsi dire, de sa création, par ses propres créatures : si je n'eusse été retenu par le souvenir de ma famille et de mes amis, j'aurois été tenté de me fixer, loin des hommes, à Heilige-Land, la plus petite des îles habitées. En 1796, un naufrage m'avoit mis dans le cas d'étudier, mon fidèle Tacite (*) à la main, les habitans singuliers et bons de ce coin de terre : je desirois, en 1799, pouvoir m'y refugier et y dévorer ma mélancolie, jusqu'au moment où ces tempêtes révolutionnaires, que je redoutois bien plus que celles de la mer, auroient été appaisées par Dieu, ou par quelqu'ange envoyé du Ciel, car je ne voyois pas comment un homme pouvoit en trouver les moyens.

Je n'arrivai en Angleterre que pour y être témoin d'un nouveau forfait, et pour y frémir en voyant notre bon roi, en plein théâtre, échapper à peine au sort de Gustave III (**); et je n'oublierai

---

(*) *De moribus Germanorum*. Lire une page de cet ouvrage et passer un jour dans cette île danoise, sont presque la même chose.

(**) Dans une brochure que j'ai publiée sous le titre de *Hints for History*, je tâchai de prouver, ce que je pensois, que le plus brave de nos amiraux ou de nos généraux ne pourroit pas aller au théâtre et attendre un coup de pistolet bien prévu, avec le même sang-froid, la même présence d'esprit, le même courage, que montra son roi, en recevant ce coup inattendu d'un assassin. Persuadé que le malheureux alloit tirer encore un autre pistolet, S. M. tint ses regards fixés sur lui, et dit à lord Chesterfield, sans se détourner — « Il va tirer encore, empêchez la reine d'entrer ». Mais la reine entra et demanda ce que c'étoit — « Rien qu'un feu » d'artifice, répondit le roi ; vous en verrez peut-être un autre ».

Bonaparte n'a pu, j'en suis convaincu, apprendre les détails de cet événement, sans admirer, dans le fond de son ame, des qualités qu'il avoit montrées, lui-même, le 18 brumaire.

jamais, non jamais, comme je me félicitai, comme je félicitai mon heureux pays, et la malheureuse France, et enfin toute nation civilisée, quand, peu de temps après mon retour, arriva la nouvelle inespérée de ce que Bonaparte avoit trouvé les moyens miraculeux d'effectuer à Paris, le 18 de brumaire.

Pour moi, j'espérois encore plus que personne, de son caractère, parce que je me flattois de l'avoir étudié avec soin et jugé avec impartialité. Aussi j'étois persuadé qu'il justifieroit, pleinement, le choix de sa patrie ; ou qu'il mourroit dans cette noble entreprise : et je ne me trompois pas.

Il pouvoit dire, avec le jeune Horace,

« — — — Quoique ce combat me promette un cercueil,
» La gloire de ce choix m'enfle d'un juste orgueil.
» Rome a trop cru de moi ; mais mon ame ravie
» Remplira son attente, ou quittera la vie » !

Du moins il s'énonça avec toute l'éloquence qui le caractérise, à cette époque consacrée pour toujours à la mémoire ; et le charme de ses paroles douces et fortes enlevoit tous les cœurs, concilioit tous les partis, finissoit toute la tourmente de la révolution : elles étoient semblables, pour me servir des couleurs poëtiques en peignant des merveilles bien au-dessus de la prose, elles étoient semblables, dis-je, à ces paroles enchantées, qui, dans l'Epopée, soudain arrêtent, au milieu de l'Olympe, la lune et les

---

Voyez l'appendice, pour une méprise dans laquelle *le Mercure* est tombé, sur ce qui regarde cet assassin, et sur un jugement qu fait le plus grand honneur à mon pays et à nos loix.

On verra, dans une autre partie de cet ouvrage, de quelle manière Bonaparte se comporta envers ses propres assassins dans le jugement de l'affaire du 3 nivôse.

étoiles ; calment la mer irritée ; font taire les vents et les flots ; et suspendent le cours des fleuves rapides.

Quelles que soient les couleurs ou les expressions dont je me sers, il est toujours certain, sans métaphore, qu'un simple officier, beaucoup trop jeune alors pour avoir, aucunement en effet, causé, ou poussé, ou aidé les dix révolutions qui pendant dix ans avoient déchiré toute la France, est parvenu à rétablir, dans le cours de sa carrière glorieuse, tout ce qu'elles ont bouleversé. Oui, il a rétabli tout ; avec la main d'un géant, d'un Samson : et, si ce n'est pas seulement par la force de son génie, la vigueur de son caractère et l'influence de sa fortune, c'est bien certainement par le choix de ce Dieu, sans la volonté duquel un cheveu ne peut pas tomber de nos têtes.

L'épigraphe mise au frontispice de cet ouvrage, si frappante aujourd'hui, l'auroit encore été dans le moment dont je parle, si on l'avoit appliquée seulement à ce que Bonaparte effectua, le 18 brumaire. « Il n'y a rien de l'homme dans tout » ceci : c'est un ouvrage du ciel ». N'avoit-il pas alors, n'a-t-il pas encore plus, de nos jours, l'apparence au moins d'un héros suscité par Dieu même? Je ne dis pas si, moi, Anglois et protestant, je pense précisément, sur ce sujet, comme tant de monde en France. Mais je sais bien, François, ce que je penserois, si j'étois votre compatriote, si j'étois de votre église. Assurément, alors, je penserois et je parlerois, comme le pieux archevêque de Paris, l'évêque de Troyes et d'autres, qui par leurs années, ainsi que par leurs vertus, sont
beaucoup

beaucoup trop près du Ciel, pour songer de tromper les habitans de la terre (*).

Que ces illustres et vénérables patriarches voient bien, ou qu'ils voient mal, au sujet du premier Consul ; toujours est-il certain qu'il a fait des choses extraordinaires, et qu'on pourroit lui appliquer ce vers magnifique de M. de Lille:

« Il ne marche jamais qu'entouré de miracles ».

Peut-être ce vers ne dit-il pas assez, si aucune langue peut dire davantage : et c'est ce que peut la nôtre, au moins dans la bouche d'un homme vraiment éloquent. Le père célèbre de M. Pitt, disoit de notre Wolfe, après la prise de Quebec où ce jeune guerrier mourut en Epaminondas : *Je ne doutois pas qu'il ne sût marcher sur des impossibilités.*

La postérité, qui nous enviera Bonaparte et doutera peut-être même de son histoire, sera, enfin, forcée de croire ce qui s'est passé devant nos yeux ; quand l'art de l'imprimerie inondera les siècles futurs de volumes, qui raconteront,

---

(*) Voyez l'appendice. — M. de Noé, évêque de Troyes, est mort, pendant que j'écrivois ceci : et l'on sait comment Bonaparte a regretté la perte de cet homme vertueux et presque prophète ; qui prévit et publia en 1787 *l'état futur de l'église*, tel que nous l'avons vu depuis, et avant son rétablissement.

Mais, en admirant tout ce que Bonaparte dit et fait pour honorer la religion et ses dignes serviteurs, n'oublions-nous pas qu'avant la bataille de Marengo, et quand ce nouveau chef de la France n'avoit pas encore trouvé le moment favorable pour l'exécution de tous ses desseins, il écrivit de Milan aux deux Consuls — « Malgré ce qu'en » pourront dire les athées de Paris, j'assisterai demain, à un *Te* » *Deum* qui sera chanté dans la métropole de cette ville ». Et n'oublions-nous pas que ceux d'entre nous, par qui ces mots sublimes étoient lus avec transport, n'osoient pas alors espérer même que leur auteur arriveroit jamais à rétablir formellement la religion en France.

F

dans toutes les langues, sans exagérer (car quelle langue peut les exagérer?) les pompeuses merveilles de nos jours.

Mais elles ne sont pas d'une seule espèce, ces merveilles, que Bonaparte a opérées; ces impossibilités, sur lesquelles nous l'avons vu marcher droit, ferme et calme. Il me semble qu'il y a deux hommes dans cet être si extraordinaire.

De ces deux hommes différens, l'un trouva les moyens de remporter cette victoire nécessaire du 18 brumaire, sur toutes les factions et tous les ennemis intérieurs de sa Patrie; comme peu de temps après, de gagner cette utile bataille de Marengo, due peut-être plus qu'aucune autre au courage individuel et aux talens personnels de celui qui y commanda : mais en même-temps, l'autre homme n'en poursuivoit pas moins, et le traité de paix de Lunéville, d'où il prit occasion de dire au corps législatif, « qu'il ne combat-
» troit jamais que pour *la paix* et LE BONHEUR
» DU MONDE »; et la pacification de la Vendée, que M. Chas, de Nîmes, a bien appelée « l'ou-
» vrage de la clémence » et qu'il compare « à
» ces pluies bienfaisantes, qui, dans un jour de
» tempête, tombent sur la terre, au milieu de la
» foudre et de la majesté de l'orage » (*).

Enfin, après la victoire de Marengo, pendant tout le reste de ces deux ans et demi, qui s'écoulèrent entre le 18 de brumaire an VIII et le 20 de floréal an XI, ce jeune héros reparut sur la grande scène de sa gloire, dans un caractère tout-à-fait différent de celui où il avoit été tant applaudi. Il tourna, soudain, toutes ses pensées vers

____

(*) Tableau historique, p. 205.

la paix, de manière à nous persuader qu'il n'avoit
jamais pensé à autre chose; sur-tout, qu'il n'avoit
jamais fait une étude particulière de ce qui lui
est le plus opposé, de la guerre. Désormais, il
n'étudia pas l'art de tuer les hommes, en guerrier,
en héros belliqueux ; mais celui de servir, de
sauver ses semblables , en homme d'état, en
philantrope, en héros pacifique.

Dès ce moment, si Bonaparte n'ôta pas tout-à-
fait cette épée fatiguée, que depuis on a suspendue
à côté des fameuses batailles de Lebrun; il lui suffit
dès-lors d'en laisser voir aux ennemis la poignée
diguement couronnée du diamant unique, nommé
le *régent :* et il ne s'occupa plus que des moyens
de donner la tranquillité à ses compatriotes et à
toute l'Europe. En attendant, il chercha à cicatriser, d'une main miraculeuse, toutes les plaies de
cette cruelle révolution ; et à enrichir sa malheureuse patrie, même avant la fin entière de la
guerre, d'une partie des saints et heureux fruits
de la paix, dont le plus grand fut sans doute le
rétablissement de la religion.

Je ne dirai pas tout ce que je pense de cette
espèce de double personnage, qui est si contra-
dictoire, et si extraordinaire même pour un homme
parvenu à la maturité de son âge : je n'enverrai
pas mes lecteurs chercher un tel personnage,
dans la réalité de l'histoire ou dans les inventions
des poëtes : parce que je ne voudrois pas, en
écrivant seulement pour être utile, qu'on eût le
moindre droit de m'accuser, tout étranger que
je suis, de sacrifier honteusement à la flatterie,
quand je n'ai d'autre idole que la pure et simple
vérité. Un Anglois peut dire , avec le Maire
d'Amiens, ce magistrat vraiment éloquent et vrai-

ment Picard: « L'histoire a consacré » la franchise
de notre caractère, et la vérité» seule peut parler
dignement de Bonaparte » (*).

Enfin, l'héroïsme pacifique de ce double personnage l'emporta : la paix ne lui offrit pas
moins d'oliviers, que la guerre ne lui avoit présenté de lauriers. Le moment arriva, où M. Pitt
céda son ministère à M. Addington ; qui a prouvé,
comme l'avoit fait l'aimable Fleury depuis 1726
jusqu'à 1742, que les esprits doux, sincères et
concilians sont faits pour gouverner les autres :
« les deux nations, les plus éclairées de l'Europe »,
entendirent leurs vrais intérêts et leur véritable
bonheur : les vœux de l'humanité souffrante mon-
tèrent jusques au père céleste, dont les oreilles,
tendrement vigilantes, sont toujours ouvertes au
moindre soupir de ses enfans : et, le 16 floréal
an X (le 6 mai 1802), Bonaparte annonça à sa
patrie cette paix universelle, la plus heureuse
qu'on eut jamais faite, puisqu'elle remplaça une
révolution et une guerre, qui avoient été sans
contredit les plus désastreuses qu'eut jamais vues
l'univers.

Paris et toute la France proclamèrent dès-lors,
d'une voix unanime, avec tous les autres peuples,
qu'un pays qui, sous tant de rapports différens,
avoit été sauvé par Bonaparte, devoit tout à ce

─────────────

(*). On verra dans l'appendice le discours de M. Debray, remar-
quable par *une couleur locale*, qui manque à tant d'autres discours
adressés au premier Consul. Entre tous les morceaux d'éloquence que
je cite, il y en a peu qui méritent autant d'être lus. Sur-tout, les
François feront bien de l'imiter, en haranguant et leur premier magistrat et madame Bonaparte.

La flatterie n'est qu'une ignominie, dont une moitié tombe sur celui
qui la prononce, et l'autre moitié sur celui qui la souffre.

grand guerrier, si décidément pacifique; à ce pacificateur, si brave et si aguerri.

Cependant, moi, je ne suis pas d'accord avec les François. Ils se trompent presque tous sur cette question —

Napoléon Bonaparte sera-t-il Consul a vie?

Puisqu'il n'a pas trouvé bon, et a refusé absolument, de mourir pour la dernière scène de ma fameuse tragédie; puisqu'il la réduisit en cendres impitoyablement, en partant des déserts de l'Asie, comme un éclair, pour devenir premier Consul de la France; voilà, en qualité d'auteur, la vengeance que je prends. C'est de dire tout bonnement ce que je pense sur son Consulat à vie.

Mais le sujet que j'ai choisi ne demande pas la plaisanterie, ne la permet point : et c'est moins encore à un triste et sombre Anglois qu'il convient de plaisanter quand il faut être sérieux.

Ce n'est pas, donc, en choisissant un Consul à vie; ni dans leur manière de déterminer ce choix; ni dans le choix qu'ils ont fait; que les François, à mon avis, sont tombés dans l'erreur. J'aurois assurément été d'accord avec eux, sur ces trois objets : et je ne crois pas qu'il y ait un homme sensé, qui pense autrement; soit pour les intérêts des autres, soit pour son propre bonheur.

C'est dans leur langage, en parlant de cette élection si généralement utile et applaudie, que les François se trompent.

Je n'imiterai pas un voyageur françois, dans la manière dont il vient de parler de mon pays; et ne dirai pas, comme lui : *Je fus peut-être le seul qui m'en apperçus* (*).

____

(*) « J'ai assisté à une représentation d'*Armide*, que l'on m'avoit

Voyons ce que disent à ce sujet les premières
autorités constituées de la France. Quand, le 16 de
floréal, M. Chabot, de l'Allier, président du Tribunal, eut fait aux orateurs du gouvernement, qui
annonçoient la paix du monde, cette réponse
patriotique, dont j'ai cité une partie en face de la
première page de ma préface; il monta à la tri-
bune et fit la motion qui donna lieu à cette heureuse prolongation de l'autorité consulaire. Il faut
observer son langage, et le langage des autres
monumens historiques que je vais citer.

« Chez tous les peuples on a décerné des honneurs
publics à ceux qui ont honoré et servi leur pays, ou
qui l'ont sauvé d'un grand danger. Quel homme eut
jamais plus de droit à la *reconnoissance nationale*,
que le général Bonaparte ! qui plus que lui, soit à la
tête des armées, soit dans le gouvernement, honora
le plus sa patrie ! Il nous sauva des horreurs de
l'anarchie et des fureurs de la guerre. Le peuple
lui doit une grande *récompense*. Je demande que
nous soyons son organe, en prenant l'arrêté suivant:

Le Tribunat émet le vœu qu'il soit donné *un
gage éclatant de la reconnoissance nationale* au
général Bonaparte, et que copie de cet arrêté soit
adressée par un messager d'État au Sénat conservateur, au corps législatif et au gouvernement. »

Cette motion fut adoptée à l'unanimité, et, le len-

» beaucoup vantée ; la musique est insignifiante. Ce jour-là, l'orchestre,
» le piano dirigeant, et la voix de madame Banti ne se trouvoient
» pas d'accord ; *Je fus peut-être le seul qui m'en apperçus* ».
Lettres sur l'Angleterre, P. 85.

Un grand homme dans l'antiquité avouoit son ignorance de la musique; « mais, » disoit-il, « je sais faire d'un petit peuple, une
» grande nation ». Il y a apparence, au moins, que ce grand voyageur, qui a daigné visiter notre petite île, touche parfaitement du
piano. *Hæ tibi erunt artes.*

demain, une députation de quinze membres du Tribunat se rendit au palais du gouvernement.

Le citoyen Siméon, portant la parole, s'exprima en ces termes :

Citoyens Consuls,

« Jamais les félicitations du Tribunat n'avoient été déterminées par des événemens aussi mémorables. Ce n'est plus une moisson brillante, mais sanglante et amère, de lauriers ; ce sont les fruits d'une guerre glorieuse, adoucis et mûris par la paix. A côté du magnifique tableau que les orateurs du gouvernement nous présentèrent hier de la situation où elle met l'Europe, nous pouvons placer celui de l'intérieur de la République, si embelli par la comparaison du passé, si riche des améliorations du présent, si heureux des espérances et des gages de l'avenir.

Une nouvelle carrière s'ouvre devant le peuple françois. Le même génie et la même habileté y guideront ses chefs, les mêmes efforts les y seconderont, le même attachement les y suivra.

Elles méritèrent bien de la patrie, ces armées qui l'ont sauvée, défendue, aggrandie : celui qui les conduisit tant de fois à la victoire, a le même droit sur la *reconnoissance nationale*. Ces droits sont écrits partout. Je les lis sur les drapeaux de ces braves soldats si fiers de la gloire de leur général ; ils sont gravés sur les sommets des Alpes, comme dans les plaines de l'Italie.

La victoire seule ne les a pas tracés : d'autres monumens les attestent.

Qui a pacifié la Vendée, fait cesser les dernières proscriptions, rendu la paix aux consciences, la liberté aux cultes, aux familles des membres chéris et malheureux ?

Je me hâte, je crains de paroître louer, quand il ne s'agit que d'être juste, et de marquer en peu de mots un sentiment profond que *l'ingratitude* seule auroit pu étouffer.

Nous attendons que le premier corps de la nation se rende l'interprète de ce sentiment général dont il n'est permis au Tribunat que de desirer et de voter l'expression. Quelle qu'elle soit, citoyen premier Consul, elle ajoutera à vos honneurs les témoignages, si précieux pour une grande ame, de la *reconnoissance publique.* Vous appartiendrez au peuple françois par ce lien de plus, bien autrement puissant que celui du pouvoir et des dignités. Il attachera plus que jamais votre bonheur au bonheur de la nation, et votre gloire à sa liberté. »

Le premier Consul répondit :

« Le Gouvernement est vivement touché des sentimens que vous manifestez au nom du Tribunat.

Cette justice que vous rendez à ses opérations, est le prix le plus doux de ses efforts. Il y reconnoît le résultat de ces communications plus intimes qui vous mettent en état de mieux apprécier la pureté de ses vues et de ses pensées.

Pour moi, je reçois avec la plus sensible reconnoissance le vœu émis par le Tribunat.

Je ne desire d'autre gloire que celle d'avoir rempli toute entière la tâche qui m'est imposée. Je n'ambitionne d'autre récompense que l'affection de mes concitoyens; heureux, s'ils sont bien convaincus, que les maux qu'ils pourroient éprouver seront toujours pour moi les maux les plus sensibles ; que la vie ne m'est chère que par les services que je puis rendre à la patrie; que la mort même n'aura point d'amertume pour moi, si mes derniers regards peuvent voir le bonheur de la République aussi assuré que sa gloire » (*).

___

(*) On verra bien, par tout ce que j'imprime en caractère encore plus petit dans mon appendice, que mon objet n'est pas de faire un livre. Mais, si je n'écris pas d'histoire dans ce moment, j'écris pour les historiens d'un autre moment; la chaîne du grand événement que je traite doit être complète; et je voudrois que mon lecteur trouvât, dans mes pages, des monumens historiques, sur tout ce qui appartient au titre de mon ouvrage.

Extrait

Extrait des registres des délibérations du Sénat-conservateur, du 18 floréal an 10.

Délibération contenant réélection du premier Consul de la République.

Le Sénat, réuni au nombre de membres prescrit par l'article 90 de l'acte constitutionnel ;

Vu le message des Consuls de la République, transmis par trois orateurs du Gouvernement, et relatif à la paix de la France avec l'Angleterre ;

Après avoir entendu sa commission spéciale, chargée par son arrêté du 16 de ce mois, de lui présenter ses vues sur le témoignage de *reconnoissance nationale* que le Sénat est d'avis de donner au premier Consul de la République ;

Considérant que, dans les circonstances où se trouve la République, il est du devoir du Sénat-conservateur d'employer tous les moyens que la Constitution a mis en son pouvoir pour donner au Gouvernement la stabilité qui seule multiplie les ressources, inspire la confiance au-dehors, établit le crédit au-dedans, rassure les alliés, décourage les ennemis secrets, écarte les fléaux de la guerre, permet de jouir des fruits de la paix, et laisse à la sagesse le temps d'exécuter tout ce qu'elle peut concevoir pour le bonheur d'un peuple libre ;

Considérant de plus que le magistrat suprême qui, après avoir conduit tant de fois les légions républicaines à la victoire, délivré l'Italie, triomphé en Europe, en Afrique, en Asie, et rempli le Monde de sa renommée, a préservé la France des horreurs de l'anarchie qui la menaçoient, brisé la faulx révolutionnaire, dissipé les factions, éteint les discordes civiles et les troubles religieux, ajouté aux bienfaits de la liberté ceux de l'ordre et de la sécurité, hâté le progrès des lumières, consolé l'humanité, et pacifié le continent et les mers, a les plus grands droits à la *reconnoissance* de ses concitoyens, ainsi qu'à l'admiration de la postérité ;

Que le vœu du Tribunat, parvenu au Sénat dans la

G

séance de ce jour, peut, dans cette circonstance, être considéré comme celui de la nation françoise;

Que le Sénat ne peut pas exprimer plus solennellement au premier Consul, la *reconnoissance* de la nation, qu'en lui donnant une preuve éclatante de la confiance qu'il a inspirée au peuple françois;

Considérant enfin que le second et le troisième Consuls ont dignement secondé les glorieux travaux du premier Consul de la République;

D'après tous ces motifs, et les suffrages ayant été recueillis au scrutin secret;

Le Sénat décrète ce qui suit:

Art. Ier Le Sénat-conservateur, au nom du peuple françois, témoigne sa *reconnoisance* aux Consuls de la République.

II. Le Sénat-conservateur réélit le citoyen Napoléon Bonaparte, premier Consul de la République françoise, pour les dix années qui suivront immédiatement les dix ans pour lesquels il a été nommé par l'article 39 de la constitution.

III. Le présent sénatus-consulte sera transmis par un message, au Corps-législatif, au Tribunat et aux Consuls de la République.

Signés, TRONCHET, *Président;* CHASSET et SÉRURIER, *Secrétaires.*

Par le Sénat-conservateur,

Le Secrétaire-général, signé, CAUCHY.

Paris, le 19 *floréal an* 10.

Bonaparte, premier Consul de la République, au Sénat - conservateur.

SÉNATEURS,

La preuve honorable d'estime consignée dans votre délibération du 18, sera toujours gravée dans mon cœur.

Le suffrage du peuple m'a investi de la suprême magistrature. Je ne me croirois pas assuré de sa confiance, si l'acte qui m'y retiendroit, n'étoit encore sanctionné par son suffrage.

Dans les trois années qui viennent de s'écouler, la fortune a souri à la République ; mais la fortune est inconstante, et combien d'hommes, qu'elle avoit comblés de ses faveurs, ont vécu trop de quelques années !

L'intérêt de ma gloire et celui de mon bonheur sembleroient avoir marqué le terme de ma vie publique, au moment où la paix du Monde est proclamée.

Mais la gloire et le bonheur du citoyen doivent se taire, quand l'intérêt de l'Etat et la bienveillance publique l'appellent.

Vous jugez que je dois au peuple un nouveau sacrifice ; je le ferai, si le vœu du peuple me commande ce que votre suffrage autorise.

Signé, BONAPARTE.

Par le premier Consul,

Le Secrétaire d'Etat, signé, H. B. MARET.

Arrêté du 20 floréal an 10.

Les Consuls de la République, sur les rapports des ministres, le Conseil d'Etat entendu ;

Vu l'acte du Sénat-conservateur du 18 de ce mois ;

Le message du premier Consul, au Sénat-conservateur, en date du lendemain 19 ;

Considérant que la résolution du premier Consul est un hommage éclatant rendu à la souveraineté du peuple, que le peuple consulté sur ses plus chers intérêts, ne doit connoître d'autres limites que ses intérêts mêmes, arrêtent ce qui suit :

Art. Ier Le peuple françois sera consulté sur cette question :

Napoléon Bonaparte sera-t-il Consul à vie ?

II. Il sera ouvert dans chaque commune des registres, où les citoyens seront invités à consigner leur vœu sur cette question.

III. Ces registres seront ouverts au secrétariat de toutes

les administrations , aux greffes de tous les tribunaux, chez tous les maires et tous les notaires.

IV. Le délai pour voter dans chaque département , sera de trois semaines, à compter du jour où cet arrêté sera parvenu à la préfecture, et de sept jours , à compter de celui où l'expédition sera parvenue à chaque commune.

V. Les ministres sont chargés de l'exécution du présent arrêté , lequel sera inséré au bulletin des loix.

Le second Consul, signé , C AMBACÉRÈS.

Par le second Consul ,

Le Secrétaire d'Etat, signé , H. B. MARET.

Voilà, donc, comment s'expriment, au sujet du *Consulat à vie* , les premières autorités constituées ; et l'on peut voir , au commencement de mon Appendice, ce que disent les adresses, présentées par la nation entière à cette occasion. Si l'on a observé, dans ce qu'on vient de lire , le langage du président Chabot, de l'orateur du Tribunat et les délibérations du Sénat-conservateur, on a dû être frappé par les expressions, si souvent répétées, *de la reconnoissance nationale, d'une grande récompense, d'un gage éclatant de la reconnoissance nationale* etc. etc.

Assurément, si les François réfléchissent, pour un moment, au passé, au présent, ou à l'avenir ; s'ils considèrent leurs intérêts ici-bas, ou dans un autre monde ; ils doivent naturellement tenir le langage que nous avons lu et que parlent presque toutes les adresses sans exception.

Si jamais de telles couronnes civiques ont été dûes à personne, c'est sans contredit au héros du 18 brumaire et au pacificateur du monde , qui a sauvé la vie à tant de ses semblables.

Mais, je dis, positivement, que le premier

rang, soit de Consul, soit de Roi, soit d'Empereur, parmi trente ou quarante millions d'hommes, fussent-ils encore plus tranquilles et plus faciles à gouverner que les François, fût-ce dans un moment encore plus heureux pour la France et pour l'univers, n'est ni une récompense, ni un gage de la reconnoissance: ne peut-on pas même plutôt dire que c'est une espèce de punition?

Insensés, croyez-moi! ce sceptre, cet empire,
Et ces profonds respects que la terreur inspire,
A leur pompeux éclat mêlent peu de douceur,
Et fatiguent souvent leur triste possesseur. (*)

On est doublement frappé de la vérité de ce tableau, quand on se rappelle que ces vers ont été faits par Racine, pour être prononcés devant Louis XIV, dont la carrière eut un *éclat* si *pompeux*; et devant la veuve de Scarron, avec laquelle il avoit partagé *le sceptre* et *l'empire*.

Il en est des situations de la vie, comme de celles de la campagne : nous nous laissons séduire, tous les jours, par ce qui attire nos premiers regards. Un bâtiment, qui domine le pic superbe d'une montagne escarpée, peut former un beau point de vue; mais quel homme d'expérience ira s'y fixer, pour y vivre ?

Non, non; les rois ne sont pas heureux. Ils ne sont que trop souvent couchés, malgré la pompe qui les environne, sur *le lit de roses* de Guatimozin.

Cependant, dans toutes les langues, on dit « *heureux*, comme un roi ». Ah ! dites, plutôt, et consolez-vous, dans les plus grandes calamités, par la comparaison ; dites, plutôt, « MALHEUREUX,

______

(*) Esther. Acte 3. Scène 7.

» comme un roi ». Jamais vous ne trouverez de Souverain, tant soit peu sensé, qui ne convienne de cette vérité affligeante; dès qu'à peine on aura éteint les illuminations, faites pour célébrer son couronnement.

Lisez les éloges des différens rois : lisez Massillon, Bossuet, qui tous deux en appeloient à un des plus grands et des plus heureux de cette classe infortunée, pour les vérités qu'ils avançoient devant lui et devant toute sa cour. Je ne transcrirai aucun des mille passages qu'ils me fourniroient sur ce sujet ; quoique tous brillent d'une élégance et d'une éloquence, qui feroient excuser la foiblesse de cet essai et le langage d'un étranger.

Mais, écoutez comme parle des rois madame de Motteville, qui n'écrit pas de la morale. « Outre « qu'ils ont, comme les autres hommes, à com- « battre les passions qui se fortifient dans leur « propre cœur ; ils ont encore à résister aux pas- « sions de ceux qui les approchent » (Mémoires. 6. 183, 4). Ecoutez cette même femme *sincère*, comme Voltaire l'appelle avec raison ; écoutez-la parler d'Anne d'Autriche, qui n'avoit pas sans doute les passions d'un roi.

« La reine me faisant signe de m'approcher » d'elle, me dit tout bas — *J'avoue que ce que* » *dit aujourd'hui cet homme me paroît plus ri-* » *dicule qu'à l'ordinaire :* et, après avoir un peu » rêvé, elle continua et me fit l'honneur de me » dire : *Je voudrois qu'il fût toujours nuit ;* » *car, quoique je ne puisse dormir, le silence* » *et la solitude me plaisent, parce que dans le* » *jour je ne vois que des gens qui me trahis-* » *sent* » (Id. 4. 314).

D'Alembert même, qui desiroit, avec Diderot, *de voir le dernier des rois étranglé dans les boyaux du dernier des prêtres*, ne prétendoit pas d'être l'ennemi des rois à cause de leur *bonheur*. Nous lisons, dans ses *réflexions sur l'histoire*, « qu'il est une classe à qui l'histoire est
» plus profitable encore. C'est la classe respecta-
» ble et *infortunée* des princes. J'ose employer
» cette expression sans craindre de les offenser,
» parce qu'elle est dictée par l'intérêt que doit
» inspirer à tout citoyen *le malheur inévitable*
» *auquel ils sont sujets* » (Mélanges 5. 478).

Oui, le malheur des princes, dans tous les temps, est inévitable ; et, si, comme homme, on doit dire, avec le Mexicain à son enfant qui vient de naître, *souviens - toi que tu es venu dans ce monde pour souffrir ;* à plus forte raison un roi doit le dire à l'héritier de sa couronne.

« Oh ! qu'on est malheureux quand on est
« au-dessus du reste des hommes ».

Ce n'est pas moi qui parle ; c'est Fénélon, le précepteur de tous les rois et l'ami de tous les sujets, c'est lui qui parle ainsi dans le second livre de son *Télémaque.* Je ne sais si les autres lecteurs sont frappés, comme moi, par un passage de ce chef-d'œuvre, que les hommes faits négligent trop peut-être depuis qu'il est devenu le grand livre d'éducation pour la morale et pour le style, mais qui a dû être, à tous égards, le livre favori de Bonaparte : pour moi, je ne lis jamais ce que Télémaque dit de Pygmalion (Liv. III.), sans que mes cheveux ne se dressent presque sur ma tête.

« Il avoit vu, depuis qu'il étoit sur le trône,

» dans les hommes dont il s'étoit servi, tant de
» dissimulation, de perfidie et de vices affreux
» déguisés sous les apparences de la vertu, qu'il
» regardoit tous les hommes, sans exception,
» comme s'ils eussent été masqués. — Quand il
» trouvoit un homme faux et corrompu, il ne se
» donnoit point la peine d'en chercher un autre,
» comptant qu'un autre ne seroit pas meilleur.
» *Les bons lui paroissoient pires que les méchans*
» *les plus déclarés, parce qu'il les croyoit aussi*
» *méchans et plus trompeurs* ».

Hélas ! combien de ces infortunés Pygmalions
sont assis sur les trônes que nous envions le plus!
Ah! disons de nouveau, avec La Bruyère, dans
le passage cité en face de la première page de
cet essai — « Un homme, un peu heureux dans
» une condition privée, devroit-il y renoncer
» pour une monarchie ? » Et remarquez que
l'auteur des *caractères* fait ce digne sacrifice à
la vérité, quoique dans le même ouvrage et dans
le même chapitre, il brûle l'encens de la flatterie
sur l'autel du *vir immortalis*, de son roi, Louis
XIV.

Eh bien ! si une monarchie ne doit-être un
objet d'envie pour un homme *un peu* heureux
dans une condition privée, comment pourroit-elle
être une *récompense* pour Bonaparte ?

On a beau parler de perles et de diamans: il
sera difficile de faire briller un diadème aux yeux
d'un homme vraiment sage. Montaigne, qui avoit
vu des guerres civiles, Montaigne, admiré, cité
et imité par son contemporain, notre fameux
Bacon, dit positivement, avec le roi Seleucus:
— « Qui sauroit le poids d'un sceptre, ne dai-
« gneroit l'amasser quand il le trouveroit à terre. »
(Essais, Liv. 1. Ch. 42.)   Si

APPENDICE.

Oh ! qu'un roi est malheureux d'être exposé aux artifices des méchans ! Il est perdu, s'il ne repousse pas la flatterie, et s'il n'aime
ceux qui disent hardiment la vérité.

Une des premières réflexions de l'élève de Minerve.
Télémaque. Liv. II.

Si la flatterie, qui se glisse comme un serpent, trouve un che-
min jusqu'à votre cœur, pour vous mettre en défiance contre les
conseils désintéressés ; vous êtes perdu.

Derniers mots de Minerve à Idoménée.
Télémaque. Liv. XXIII.

Loin du trône nourri, de ce fatal honneur
Hélas ! vous ignorez le charme empoisonneur ;
De l'absolu pouvoir vous ignorez l'ivresse,
Et des lâches flatteurs la voix enchanteresse.
Bientôt, ils vous diront que les plus saintes loix,
Maîtresses du vil peuple, obéissent aux Rois ;
Qu'un Roi n'a d'autre frein que sa volonté même ;
Qu'il doit immoler tout à sa grandeur suprême ;
Qu'aux larmes, au travail, le peuple est condamné,
Et d'un sceptre de fer veut être gouverné ;
Que, s'il n'est opprimé, tôt ou tard il opprime.
Ainsi de piège en piège, et d'abyme en abyme,
Corrompant de vos mœurs l'aimable pureté,
Ils vous feront enfin haïr la vérité ;
Vous peindront la vertu sous une affreuse image.
Hélas ! ils ont des Rois égaré le plus sage.

Athalie. Acte IV. Scène III.

Bonaparte distinguera ses véritables amis qui lui diront la vérité,
d'avec les flatteurs qui chercheront à le tromper.

Chabot (de l'Allier), aux Consuls. Le 24 floréal an X.

APPENDICE.

I.

Pour remplir le but historique de cet ouvrage, j'imprime en tête de mon Appendice, les adresses, dont j'ai eu occasion de parler. Elles sont prises au milieu du faisceau d'hommages nationaux, présentés à Bonaparte. Elles furent insérées successivement dans le *Moniteur*, jusqu'à la fin de l'an X. J'ai choisi celles qui m'ont paru les plus éloignées du langage de la flatterie, et les plus remarquables pour l'éloquence.

Cet article même de mon ouvrage sera curieux pour la postérité : et il restera un monument toujours utile ; en rappelant aux François les motifs pour lesquels ils ont choisi Bonaparte Consul à vie, et au premier Consul tous les devoirs qu'il s'engageoit à remplir jusqu'à sa dernière heure, en acceptant des fonctions si éminentes et si pénibles.

Au reste, le premier Consul ne relira jamais ces adresses, sans penser aux derniers mots, si plaisans mais si instructifs, que dit Richard Cromwell, en se voyant forcé de renoncer au Protectorat. « Veillez avec « soin à cette armoire, où sont déposées les vies et les « propriétés de tout le peuple d'Angleterre ! » Il faisoit allusion au dévoûment exprimé dans les adresses présentées par les Anglois à leur nouveau Protecteur, quand il avoit succédé à son père Olivier. Mais Bonaparte, qui doit son rang au choix libre de ses concitoyens, tandis que cet Olivier ne devoit le sien qu'à une basse hypocrisie et aux plus grands crimes, comptera moins sans doute sur les mille et mille adresses publiques dont il est l'objet, que sur son propre mérite, et sur ce que sa conscience lui dit de tout le bien qu'il se promet de faire à sa patrie et même aux autres peuples. L'histoire prouve que l'opinion populaire a quelquefois changé : mais l'honneur personnel, l'ambition vertueuse, la véritable grandeur, l'amour des peuples, le respect pour la postérité, le goût de la vertu, la crainte de Dieu ne changent jamais, et commandent toujours les mêmes hommages.

Pour moi ; si, dans ces adresses des François à leur Chef, il y a quelque phrase qui exalte leur gloire au-dessus de la nôtre, mes compatriotes me rendront la justice de se souvenir que ce n'est pas moi qui parle. En même temps, persuadé combien le bonheur de toutes les nations dépend de l'existence de Bonaparte, *tant qu'il continuera d'aimer la paix et de soutenir le caractère qu'il montre en ce moment,* je ne crains pas qu'on m'accuse de préconiser une puissance étrangère ou de prosterner ma franchise angloise aux pieds d'un premier Consul, si je finis, quoique bon et loyal sujet de George III, en adressant moi-même à Bonaparte ces mots de Corneille, dont la pensée est si souvent répétée dans ce qu'on va lire : —

> Puisse le grand moteur des belles destinées,
> Pour prolonger vos jours, retrancher nos années !
>
> Cinna.

(I) *Le général de brigade, préfet du département des Pyrénées-Orientales, le secrétaire-général et les membres du conseil de préfecture, au citoyen Bonaparte, premier consul de la République françoise. — Perpignan, ce 15 germinal an 10.*

Citoyen premier Consul : Une paix honorable et solide vient de terminer la lutte que le Peuple françois soutenoit avec autant de dignité que de constance, pour assurer l'indépendance de la République, et affermir une constitution qui lui garantit la liberté civile et politique, tous les droits de la nature et de l'ordre social. Depuis dix ans, le Peuple françois, couvert de cicatrices et de trophées, prodiguoit son sang et ses trésors pour obtenir ces biens dont il sent tout le prix. La victoire qui vous fut toujours fidèle vint mettre un terme à ses sacrifices. La journée de Marengo, cette journée qui doit fermer votre carrière militaire, si le Ciel écoute les vœux de

la France , prépara la paix de l'Europe , et lui annonça le nouveau
système politique qui doit désormais la régir. Rendu tout entier au
gouvernement de l'État, vous ne vous montrerez pas moins grand ,
citoyen Consul , que vous fûtes redoutable à ses ennemis, lorsque
vous faisiez triompher nos armées ; et la paix vous appelle à de non
moins importans travaux. La législation réclame toute l'activité de
votre génie, toute la sagesse de vos profondes méditations. L'agriculture qui est la véritable base de la puissance de la Grande-Nation ,
sera encouragée par un système de finances qui n'étouffera plus la
reproduction dans son germe. Le commerce et l'industrie qui ont
fait la fortune de quelques peuples, et qui doivent seulement contribuer à la splendeur de la République françoise, seront placés entre
la charrue qui doit les alimenter, et l'épée qui seule peut les dé-
fendre. Puissiez-vous, citoyen Consul, être aussi heureux que vous
êtes magnanime, et recevoir long-temps de la Nation françoise ces
tributs de respect, d'amour et de reconnoissance qui sont devenus
son premier devoir et son plus cher sentiment.

(II) *Les membres composant la préfecture de l'Hérault, à Bonaparte.*
— *Montpellier, le 19 germinal an 10 de la République françoise.*

Citoyen premier Consul : La paix que vous avez conclue avec
l'Angleterre est une véritable conquête ; vos victoires avoient préparé
ce complément de la paix générale ; mais votre génie a fait plus
encore : il a vaincu l'esprit de rivalité qui a si long-temps désuni
deux nations faites pour s'estimer et non pour se combattre : il a
dissipé les préventions élevées par une politique ambitieuse, contre
une République naissante, qui vous doit sa liberté, sa gloire et son
repos. Heureux des fruits de votre sagesse, nous vous apportons,
citoyen premier Consul, la reconnoissance de tous les amis de
l'humanité, et en particulier celle des habitans du département dont
l'administration nous est confiée.

(III) *Le préfet, le secrétaire-général, le conseil de préfecture du*
département des Deux-Sèvres, et le conseil d'arrondissement
de Niort, au général Bonaparte, premier Consul de la Répu-
blique françoise. — *Niort, le 10 germinal an 10.*

Citoyen premier Consul : C'est un besoin pour nos cœurs de vous
exprimer les sentimens de reconnoissance et d'allégresse qui nous ont
émus à la nouvelle de l'heureuse paix que vous venez de conclure.
La France vous doit son bonheur, sa puissance et sa gloire ; le département des Deux-Sèvres vous doit plus encore : vous l'avez rendu
à la République, et le traité d'Amiens lui assure à jamais le repos
nécessaire pour réparer ses malheurs. Après tant de prodiges opérés,

la paix du monde ne sera cependant pas le terme de vos travaux. Aux ténèbres d'une nuit affreuse, vous avez fait succéder l'aurore d'un beau jour, et, semblable à l'astre bienfaisant qui la suit, vous allez recommencer une carrière nouvelle, pour éclairer et vivifier la France par des loix sages, immortelles comme vous. Votre gloire, citoyen Consul, surpasse celle de tous les héros de l'antiquité. Elle n'a point coûté de larmes, elle repose toute entière sur la félicité publique. Veuille le Dieu qui s'est servi de votre bras et de votre génie pour sauver l'Empire françois, vous laisser long-temps jouir de votre ouvrage et de notre amour ! Nous avons l'honneur de vous saluer avec un profond respect.

(IV) *Les maire et adjoints de la ville d'Alençon, département de l'Orne, au général Bonaparte, premier Consul de la République. — Alençon, le 20 germinal an 10.*

Général Consul : Graces vous soient rendues ; après avoir vaincu toutes les puissances de l'Europe, vous en avez fait des alliés du peuple françois. . . . . Le traité d'Amiens a réuni deux nations voisines et rivales qui doivent être amies pour leur bonheur. Il ne vous a pas suffi, Général Consul, d'avoir assuré à la France la paix extérieure, vous voulûtes consolider celle intérieure qui commença avec votre consulat : vous conçûtes l'idée d'une convention avec sa Sainteté, et que la nation entière va bientôt recevoir comme une loi bienfaisante. Cet acte, Général Consul, n'étoit pas moins utile que les autres traités. . . . . . Il rassure les consciences, rallie les familles divisées, et établit par-tout une paix certaine et durable. Il étoit réservé au héros du 18.e siècle d'assurer ainsi la paix intérieure et extérieure, en faisant cesser toutes les divisions ! Les habitans d'Alençon, dont nous faisons partie et dont nous sommes les organes, vous vouent (comme tous les François) une reconnoissance éternelle. Il nous est impossible, Général Consul, de rendre les sentimens que vous nous inspirez ; permettez que nous terminions en vous assurant de notre respectueux et inviolable attachement.

(V) *Les maire et adjoints de la ville de Granville, à Bonaparte. — Granville, le 20 germinal an 10 de la République françoise.*

Général Consul : Veuillez recevoir les hommages, la reconnoissance et les respects des habitans de Granville : témoins avec l'Europe entière de vos victoires et de vos vertus, vous avez mis le comble à leur admiration, en procurant à la France une paix glorieuse, et en rendant à la religion sa pureté. Permettez que l'expression de leur joie parvienne jusqu'à vous. Salut, respect et dévoûment.

(VI) *Le préfet, le secrétaire-général et les membres du conseil de préfecture de la Vienne, au général Bonaparte, premier Consul de la République françoise.* — *Poitiers, le 21 germinal an 10.*

Général Consul : Il falloit pour la tranquillité du monde un génie extraordinaire ; vous avez paru. . . . . . Tout a été soumis. . . . . . Tout a été pacifié. Puissent les siècles futurs, puissent tous les hommes mettre à profit les grandes leçons de courage et de sagesse que vous leur offrez dans votre conduite magnanime, et se féliciter comme nous des innombrables bienfaits qu'elles leur assurent. Agréez, Général Consul, les témoignages d'admiration et de reconnoissance que tous les citoyens de ce département vous offrent par notre organe.

(VII) *Les maire et adjoints de la ville de Dunkerque, au général Bonaparte, premier Consul de la République françoise.* — *Dunkerque, le 21 germinal an 10.*

Général Consul : En vous chargeant des soins pénibles du gouvernement, vous promîtes au peuple françois la victoire et la paix ; deux années se sont à peine écoulées depuis ce jour à jamais mémorable, et déjà l'humanité respire, et n'aura plus à gémir des malheurs de la guerre. Jouissez, Général Consul, des fruits de vos travaux et permettez que la ville de Dunkerque, qui, par sa position maritime, est une des plus intéressées à la paix glorieuse que vous venez de conclure, unisse sa voix à celle de la France entière, pour vous exprimer sa vive reconnoissance. Daignez agréer en même-temps les sentimens de son amour et les vœux sincères qu'elle fait pour votre bonheur.

(VIII) *Le prefet, le secrétaire-général et les conseillers de préfecture du département de l'Aube, au premier Consul de la République.* — *Troyes, le 21 germinal an 10.*

Un traité de paix glorieux qui va donner une nouvelle époque à la diplomatie, vient d'élever la France à un dégré de puissance et de considération jusqu'alors inconnu. Une convention avec le chef de l'Église, non moins difficile à conclure, éteint les torches de la guerre civile, ramène le calme dans l'intérieur des familles, rapproche les époux divisés, et réconcilie les pères et les enfans. Le premier nous donne la gloire, le second le bonheur. C'est à vous, Général premier Consul, que nous devons tous les genres de splendeur et de félicité. Nous sommes pénétrés de l'étendue de vos bienfaits, et si les expressions ne peuvent égaler nos sentimens d'amour et de reconnoissance, notre dévoûment ne connoît pas de bornes.

(IX) *Le préfet de la Côte-d'or, le conseil de préfecture et le secrétaire-*
 général de ce département, au premier Consul. — Dijon, le
 4 germinal an 10 de la République françoise.

Général Consul : Tous les succès se préparent l'un par l'autre,
et il n'appartenoit qu'à celui qui avoit fait une pareille guerre à
l'Europe armée, d'en être ainsi le pacificateur. Tel est le propre
du génie, Général Consul, qu'il se mesure aux difficultés, qu'il
s'élève avec elles, toujours au point de les surmonter ; et celui-là,
sans doute, ne sera réputé le plus grand que parce qu'aucun autre
homme n'aura eu de plus nombreux, de plus grands et de plus
divers obstacles à vaincre. Nous avions tous les genres de besoins,
vous déployez tous les genres de ressources ; et celles que vous
venez de nous montrer sur un sujet si différent et le plus difficile
peut-être, prouvent que la supériorité n'est étrangère à rien. Dans
ce département dont vous nous avez confié l'administration, et qui
se glorifie de vous avoir possédé pendant quelques années, la mul-
titude jouit en silence de vos bienfaits ; les hommes qui peuvent
embrasser quelque avenir, vous jugent comme vous jugera l'histoire,
et vous occuperez long-temps l'admiration avant d'épuiser leur reconnoissance. Salut et respect.

(X) *Le tribunal criminel de l'Ain, au premier Consul de la Répu-*
 blique françoise. — Bourg, le 12 germinal an 10.

Général premier Consul : Le tribunal criminel du département
de l'Ain, s'empresse de vous offrir un nouveau tribut d'admiration et
de reconnoissance. Le traité définitif d'Amiens ajoute irrévocablement
le nom de *pacificateur* à celui de *héros* qui vous est assuré depuis
long-temps. . . . . Un troisième titre, non moins honorable, celui
de *législateur de la France* vous sera dû bientôt. . . . . Ce code
civil attendu avec tant d'impatience, cette révision des loix crimi-
nelles plus que jamais commandée par l'audace et la multiplicité ef-
frayante des crimes comme par l'insuffisance des moyens de répression,
établiront bientôt, sous vos auspices et par vos soins, la sûreté et la
prospérité intérieure sur des bases immuables. Les François vous
devront, Général Consul, cet inestimable bienfait, et il complet-
tera la gloire de votre immortel consulat. Salut et respect.

(XI) *Le conseiller de préfecture, préfet ad interim, le secrétaire-gé-*
 néral et les conseillers de préfecture du département de la Roër,
 au général Bonaparte, premier Consul de la République. —
 Aix-la-Chapelle, le 20 germinal an 10.

Général premier Consul : La France heureuse rend graces au
génie qui l'a sauvée ; l'Europe pacifiée vous admire, l'humanité
             consolée

consolée vous offre ses vœux. Jouissez long-temps d'un ouvrage auquel vous avez imprimé un caractère de durée égale à sa grandeur.

(XII) *Les membres du tribunal de première instance de l'arrondisse-ment de Louviers, département de l'Eure, au premier Consul de la République françoise. Louviers, le 21 germinal an 10.*

Citoyen premier Consul : Paisibles admirateurs de vos triomphes et de votre gloire, nous élevons la voix au milieu de l'allégresse publique, pour féliciter le héros qui, préférant le titre de *bienfai-teur de l'humanité* à celui de *vainqueur des nations*, donne à la République une paix qui va rendre la vie au commerce et aux arts. Nous honorons le sage qui, après avoir comprimé toutes les factions, va régénérer la France par une législation nouvelle. Faire une sé-vère mais juste et impartiale application de la loi, et coopérer de tout notre pouvoir au bonheur de nos semblables, est l'hommage que nous croyons le plus digne de vous. Nous vous prions de l'agréer.

(XIII) *Les juges du tribunal d'appel séant à Grenoble, au citoyen premier Consul de la République françoise. — Grenoble, le 18 germinal an 10.*

Citoyen premier Consul : Elle est enfin signée cette paix si ar-demment desirée, qui complète la réconciliation de la France avec l'Europe entière : les destinées de la République françoise sont enfin irrévocablement fixées : puissante et considérée au-dehors, elle est devenue sage et calme au-dedans : bientôt elle jouira d'une pros-périté dont elle est digne, mais à laquelle elle étoit loin de s'atten-dre avant le 18 brumaire an VIII. Graces soient à jamais rendues par tous les François au héros qui conçut l'espérance de sauver la patrie au moment où sa perte sembloit inévitable; qui osa prendre les rênes d'une administration, jusques-là tenues par des mains foi-bles et inhabiles, qui est parvenu, en deux années, à rétablir l'ordre et l'union au sein de la France, à assurer à cette nation la puissance et l'éclat dont elle va jouir. Nous partageons avec tous les amis de la patrie, citoyen premier Consul, l'enthousiasme que font naître de si grands travaux et le succès qui les a couronnés. Puisse le destin conserver long-temps à la France l'invincible guerrier, le sage ma-gistrat, le négociateur habile, le grand homme enfin dont l'existence est si nécessaire à la consolidation de son bonheur, et qui est si chère à tous les bons citoyens !

B *

(XIV) *Le préfet, le secrétaire-général et les conseillers de préfecture du Jura, au premier Consul. — Lons-le-Saunier, le 15 germinal an 10.*

Général Consul : En acceptant les rênes du gouvernement, vous avez pris l'engagement de rendre la République chère aux citoyens, respectable aux étrangers, formidable aux ennemis ; et cette tâche si digne du chef de la Grande-Nation, vous nous avez invités à dire un jour si vous l'avez remplie. Oui, Général Consul, deux ans de travaux, nous pourrions dire de prodiges, ont déjà justifié vos pressentimens et notre espoir. Oui, la justice et la modération de votre magistrature ont rendu la confiance à tous les François ; la force et la sagesse de votre génie ont fixé le respect et l'admiration de l'étranger.

(XV) *Le préfet du département de la Dordogne, au conseiller d'État chargé de toutes les affaires concernant les cultes. — Périgueux, le 2 floréal an 10.*

Citoyen conseiller d'État : Parmi tant de prodiges qui assurent une gloire immortelle au héros du 19.e siècle, l'histoire et la postérité distingueront sans doute l'acte qui consolide notre régénération politique par le rétablissement du culte. C'est aussi de tous ses bienfaits le plus vivement senti. Les campagnes sur-tout en attendent impatiemment la jouissance, comme un besoin social autant que religieux. Salut et respect.

(XVI) *Le consistoire de l'église réformée de Montauban, aux citoyens Consuls de la République françoise. — Montauban, le 26 germinal an 10.*

Citoyens Consuls : La loi du 18 germinal, concernant l'exercice des cultes, assure désormais le repos des familles, la sécurité des consciences et la stabilité de la paix intérieure. Les protestans de cette cité populeuse vous remercient, par notre organe, de ce nouveau bienfait. Daignez agréer ce foible tribut de leur gratitude ; fidèles à leurs principes, et inviolablement attachés au gouvernement constitutionnel, ils sauront se montrer dignes de l'existence religieuse que votre sagesse leur prépare. Salut et respect.

(XVII) *Le citoyen Marron, pasteur de l'église réformée de Paris, a prononcé le discours suivant, le 19 floréal an 10.*

Premier Consul : Le culte qui donna à la France ses Sully, ses Turenne, est digne de vous offrir ses hommages. Le consistoire de l'église réformée de Paris vous exprime par mon organe, la part qu'il prend à l'allégresse et à la reconnoissance publique, participation

dans laquelle il est rivalisé sans doute par toutes les autres administrations ecclésiastiques du même genre. « Vous avez rendu la paix à
l'État et à l'Église : le héros l'a conquise pour celui-ci, le sage pour
celle-là. Jouissez du fruit de vos travaux, de l'admiration de l'Europe, des bénédictions de vos concitoyens, de ce suffrage intérieur
qui doit se joindre pour vous à l'acclamation générale, mais qui,
isolé quelquefois, suffit pour nous venger de l'ingratitude et de l'injustice. Voyez universellement régner la concorde et la fraternité :
les dissentions civiles et religieuses traînent à leur suite trop de calamités, trop de scandales. Par vous et par ceux qui partagent si ho-
norablement avec vous les soins d'un gouvernement paternel, le
bonheur de la République (c'est de vous-même, premier Consul,
que j'emprunte ce vœu), *le bonheur de la République sera aussi
assuré que sa gloire*, et la postérité, qui ne flatte point, appellera
le dix-neuvième siècle de l'ère chrétienne, le siècle de Bonaparte. »

(XVIII) *Les membres composant le tribunal de première instance de
l'arrondissement de Bordeaux, au citoyen premier Consul. —
Bordeaux, le 10 germinal an 10 de la République françoise,
une et indivisible.*

Citoyen Consul : Graces soient rendues à votre immortel génie !
La France, il n'y a pas deux ans encore, humiliée au-dehors, déchirée au-dedans, se précipitoit vers sa ruine, lorsque la fortune,
vous ramenant tout-à-coup dans son sein, les destinées de la nation
changèrent, comme par enchantement. Les proscriptions cessèrent,
la terreur s'éloigna de nous, l'ordre se rétablit, et l'on vit enfin
reparoître sur ses autels, la Justice, cette divinité tutélaire des empires, que dix ans d'une révolution sanglante sembloient avoir exilée
à jamais. C'étoit avoir fait beaucoup pour la République, que de lui
avoir rendu le calme intérieur ; mais il restoit une gloire plus grande
encore à acquérir, il falloit donner le repos au monde, et votre
heureux génie, triomphant des obstacles que soulevoit par-tout une
nation rivale et puissante, la paix universelle vient enfin d'être proclamée. Quelle récompense, citoyen Consul, pour de si grands et
de si nobles travaux ! il n'en est qu'une à laquelle le cœur d'un
héros, d'un guerrier consacré à la gloire, puisse être sensible ; c'est
d'être distingué par une nation reconnoissante, dans le nombre si
rare des bienfaiteurs de l'humanité, et la paix que vous venez de
signer, vous assure dans le cœur de tous les François, cette place
honorable.

(XIX) *Le préfet du département de Lot-et-Garonne, le conseil et le secrétaire-général de la préfecture, au Général Bonaparte, premier Consul de la République françoise. — Agen, le 21 germinal an 10.*

Général Consul : La gloire fondée sur le bonheur des peuples est la seule vraiment digne d'un grand homme : elle vous appartenoit; et vous l'avez conquise dans un âge où le desir d'un si beau succès eût été déjà le signe éclatant de la magnanimité et du génie. A la paix du monde, vous venez de joindre la paix des consciences et des familles, immortel triomphe de la raison publique sur les écarts de l'esprit de système et d'une dangereuse indépendance des opinions consacrées par le respect et l'expérience des siècles. Quels hommages pourroient vous exprimer notre admiration et la profonde sensibilité de nos cœurs ! Les citoyens de Lot-et-Garonne vénèrent en vous, comme tous les François, le sauveur de la liberté, de la patrie et des mœurs. Agens du gouvernement dont vous êtes le chef, nous nous enorgueillissons de le servir et d'être en quelque sorte votre ouvrage : la confiance dont vous nous avez honorés, Général Consul, sera toujours le plus incontestable de nos titres à l'estime de nos concitoyens. Heureux ! si nous pouvions bientôt, ainsi que les habitans de quelques départemens favorisés du sort, jouir enfin de votre présence, et vous offrir de près, dans le spectacle de la félicité publique que vous avez assurée, l'unique tribut dont vous vous montriez jaloux. Cette espérance est la seule que vous nous laissiez à concevoir, et grace à vos bienfaits, il ne nous reste plus que ce desir à former.

(XX) *Les citoyens composant le tribunal criminel et spécial du département de la Roër, au Général Bonaparte, premier Consul de la République françoise. — Cologne, le 23 germinal an 10.*

Général Consul : La paix que vous venez de cimenter, ajoute encore à votre gloire, déjà si brillante. . . . . . . Héros des François, vivez long-temps heureux sur la terre que vous avez pacifiée ! L'amour d'un grand peuple sera la douce récompense de vos travaux politiques et guerriers, et la patrie reconnoissante transmettra votre nom à l'immortalité. Telle est, Général Consul, notre ferme opinion sur vos grandes destinées, tels sont les vœux que nous faisons pour vous. Daignez les agréer comme un juste tribut de notre admiration et de notre respectueux dévoûment.

(XXI) *L'évêque et les ecclésiastiques réunis de la ville de Soissons, au premier Consul. — Soissons, le vendredi 24 floréal an 10.*

Citoyen premier Consul : Voter votre conservation à vie dans la première magistrature de la République, c'est l'élan, le cri, le besoin des François. Nous venons de l'émettre, comme citoyens, ce vœu si mérité de votre part, ce vœu dont l'expression, en vous rendant ce que nos cœurs éprouvent, dit hautement à tous les peuples : La France est heureuse ! la France sent son bonheur ! Qui mieux que nous, ministres de la religion, vous doit cet hommage, citoyen premier Consul ? Par vous la religion est sortie de ses décombres ; par vous elle a repris dans nos institutions le rang que lui assignent et la sainteté de son origine, et l'importance des services que l'État doit en attendre. L'union a remplacé la discorde. Cette union est votre ouvrage, elle fera votre bonheur. Puisse-t-elle, aussi durable que l'éclat de votre nom, attirer du ciel sur vous, par l'assiduité de nos prières, par l'ardeur de notre charité, et la grace qui fait les saints, et la gloire de l'immortalité qui les couronne ! Vivez long-temps, premier Consul, vivez pour le bonheur de la France, vivez heureux, vivez toujours ! Tel est, ô Bonaparte ! le vœu constant, le vœu unanime du peuple françois : tel est le nôtre.

(XXII) *Les fonctionnaires publics et les citoyens réunis spontanément à la sous-préfecture de Cambrai, au Général Bonaparte, premier Consul. — Cambrai, le 23 floréal an 10.*

Général premier Consul : L'arrêté du 20 floréal vient d'être publié ici ; aussi-tôt tous les fonctionnaires civils et militaires et une foule de citoyens se sont rendus à la sous-préfecture pour y exprimer leur vœu, moins pour vous que pour le bonheur du peuple françois. O vous qui avez porté le nom françois au plus haut dégré de gloire, qui avez enchaîné la victoire sous vos pas, qui avez pacifié l'Europe, donné la paix intérieure, celle des consciences, séparé tous les malheurs, séché toutes les larmes, soyez toute votre vie le premier Consul du peuple françois ; de ce peuple bon et sensible qui ne peut vous offrir que l'hommage de son amour et de sa reconnoissance ; ces sentimens sont dans tous les cœurs. Si vous étiez ici, vous les liriez dans tous les yeux. Vos jours ne sont plus à vous, ils sont au peuple, le Dieu qui le protège, saura les conserver.

(XXIII) *Les citoyens de la ville de Soissons, au citoyen maire de la même ville.*

Citoyen Maire : L'arrêté des Consuls du 20 de ce mois nous permet d'être reconnoissans, mais le mode de son exécution ne satisfait pas notre amour. Trouvez bon que demain nous nous réunissions au Champ-de-Mars, et qu'au son d'une musique guerrière, nous y proclamions, Consul à vie, le fils de la victoire et le père des peuples ; que de-là nous nous rendions au temple pour demander à Dieu que ses jours soient aussi longs qu'ils nous sont précieux ; que le procès-verbal en soit dressé et envoyé par un courrier extraordinaire à Bonaparte.

(XXIV) *Le préfet de la Dyle, le secrétaire-général de préfecture, les membres soussignés du conseil de préfecture, du conseil-général du département, du conseil d'arrondissement, adjoints au maire et membres du conseil municipal de Bruxelles, au premier Consul de la République françoise. — Bruxelles, le 22 germinal an 10.*

Citoyen premier Consul : Sous les titres différens de guerrier, de législateur et de politique, vous avez su placer votre nom au-dessus de tout éloge, et désormais le seul qui vous convienne est renfermé dans l'énumération simple des prodiges dont vous avez étonné votre siècle. Lorsque la vérité a tous les caractères de l'exagération, la pompe des mots, les vains ornemens de l'éloquence ne peuvent que l'affoiblir. Vous avez, par des victoires à jamais mémorables, enchaîné au nom françois l'admiration contemporaine et celle de la postérité plus équitable encore ; nous vous honorons, Bonaparte, comme le héros de la France, comme le plus solide appui de la gloire nationale. Après que la victoire vous eut ouvert tous les chemins de l'ambition, qu'elle vous eut offert tous les genres de conquêtes, vous n'avez brigué que celle de la paix ; vous la donnez au monde, et nous vous bénissons avec lui, en vous proclamant le bienfaiteur de l'humanité. La France, au milieu des trophées dont vous l'avez couverte, des prospérités dont vos immortels travaux lui r'ouvrent enfin les sources, avoit encore un souhait à former. La paix étoit conquise au-dehors, mais un ferment de discorde et de guerre intestine subsistoit au sein même de la patrie : lorsque les monumens de la plus haute sagesse couvroient déjà toutes les ruines révolutionnaires, les debris des autels restoient seuls pour rappeler le passé, pour affliger le présent et pour effrayer l'avenir : vous venez enfin, citoyen Consul, de mettre le sceau à votre gloire, et d'imposer au peuple françois un éternel tribut de reconnoissance, en rétablissant sur ses antiques bases, en rattachant à la législation d'un grand peuple, la religion sans laquelle toute société ne pourroit avoir qu'une existence inquiète et précaire. C'est particulièrement aux lieux d'où partent les acclamations publiques, dont nous nous rendons l'organe, que le bienfait de la convention conclue avec S. S. est vivement apprécié : c'est là, plus que sur tout autre point de la République, que l'espèce d'anarchie religieuse où nous étions plongés, devenoit une source intarissable de maux et de désordres, et

c'est maintenant que *la réunion volontaire* de l'ancienne Belgique
à la République françoise, est véritablement consommée. Citoyen
Consul, après vous avoir transmis les témoignages de respect et
d'amour des habitans du département de la Dyle, il nous reste à
vous exprimer un vœu qu'ils forment avec enthousiasme et que
nous osons vous adresser avec la même expression ; c'est de posséder
un moment celui que tant de renommée, de succès et de vertus
recommandent à l'admiration des hommes, et de pouvoir lui offrir
en personne l'hommage de tous les sentimens dont les François Belges
sont pénétrés pour lui. Agréez, citoyen Consul, l'hommage de notre
profond respect.

(XXV) *Le préfet, les membres du conseil-général, le secrétaire-*
général et les membres du conseil de préfecture du département
du Loiret, au premier Consul de la République françoise. —
Orléans, le 1.er prairial an 10.

Général Consul : Vous avez, dans le court espace de deux années, vaincu et dissipé les ennemis de la France, éteint les factions
et la guerre civile, donné la paix au monde, appuyé la morale
publique sur la base antique et sacrée du christianisme, et enfin
placé la nation françoise au plus haut dégré de splendeur et de gloire.
De si grands et de si nombreux bienfaits ne sont encore que le présage de toute la félicité que promet une sage administration commen-
cée sous de si brillans auspices. Les premières autorités de l'État,
inspirées par l'élan de la reconnoissance nationale, et le sentiment
impérieux de la conservation publique, ont appelé l'universalité des
François à maintenir dans vos habiles mains les rênes de l'État, jusqu'au terme de votre glorieuse carrière. Réunis de tous les points
de ce département, nous avons vu avec quel enthousiasme y a été
accueilli ce vœu de consolidation et de gratitude nationale ; nous
mêlons nos voix à celles de tous les François pour vous prier de tenir,
pendant tout le cours de votre vie, le gouvernail du vaisseau que
vous avez sauvé des écueils et des tempétes, et nous vous transmet-
tons l'expression des vœux ardens que nous ne cessons de faire pour
votre longue conservation, c'est-à-dire, pour la prospérité d'un Empire dont les destinées sont désormais les vôtres. Vivez long-temps,
Général Consul, et réalisez, pour le bonheur des François, les
vastes conceptions du génie et de l'amour de la patrie ; la nation
françoise, qui sait que l'ingratitude des peuples dessèche le germe
trop rare des grands hommes et flétrit les vertus publiques, vous dé-
cerne la palme de l'immortalité, et remet ses destinées entre vos
mains triomphantes.

(XXVI) *Le consistoire général des églises réformées de Sommières et Saussines, département du Gard et de l'Hérault, au Général Bonaparte, premier Consul de la République françoise.*

Général Consul : L'édifice qui fut assigné aux protestans de l'arrondissement de Sommières, en exécution de la loi du 11 prairial an 3, a plusieurs fois retenti du récit de vos victoires et de leurs actions de grace envers le Dieu qui vous a si visiblement désigné pour être au milieu des François l'instrument de ses miséricordes. Appelé par la confiance publique à diriger, par votre sagesse, cette République que vous avez si vaillamment défendue par votre courage, les protestans vous contemploient déjà comme le libérateur des François et le bienfaiteur de l'humanité. Fidèles à leur devoir, ils se réunissoient dans le lieu destiné à la célébration de leur culte, et là, prosternés devant le Dieu qui préside aux combats, ils imploroient la protection du ciel pour une patrie qui leur a toujours été chère, pour la conservation de vos jours et le triomphe de la République. La paix dont vous avez fait la conquête met le comble à leurs espérances, et donne une nouvelle ardeur à leurs cantiques d'actions de graces ; ils attendoient ce moment avec impatience comme l'époque où celui qui a tant de fois sauvé la France par sa valeur, la feroit triompher par la justice. Cet heureux temps est arrivé ; aprés avoir assuré la paix au-dehors, vous n'avez pas perdu de vue les moyens d'en affermir l'empire au milieu de cette nation valeureuse qui se glorifiera constamment de vous avoir confié sa magistrature suprême. Vous avez anéanti les factions qui ont si long-temps déchiré la patrie ; vous avez consolidé l'édifice de la liberté politique et de la liberté religieuse ; vous avez rétabli le fondement de la morale publique, et la loi sur la liberté du culte, relève votre sagesse autant qu'elle honore votre justice. Les protestans de l'arrondissement de Sommières s'étoient réunis au nombre de quatre mille pour célébrer le merveilleux événement sur lequel reposent la foi et les espérances du chrétien, et se pénétrer des obligations que le christianisme leur impose. Une jeunesse nombreuse, après des instructions préalables, venoit y ratifier l'engagement de faire de l'évangile la base de sa croyance et la règle de ses actions : après les exhortations les plus fortes et les plus touchantes pour les attacher et les animer à la pratique des vertus chrétiennes, notre pasteur, connu par sa soumission à la loi, son amour pour l'ordre et la paix, a cru devoir saisir cette occasion pour retracer les sentimens d'admiration, de respect, de gratitude, de soumission et d'amour que nous devons à un Gouvernement qui a placé notre patrie à l'ombre de l'olivier de la paix, sous les auspices duquel nous

pouvons

pouvons exercer paisiblement notre culte, et qui, par la sagesse de ses loix, nous donne l'espoir consolant de voir réparer chaque jour les brèches que l'irréligion a faites à l'Église, et faire disparoître les atteintes que la perversité a portées à la morale publique. Il exprimoit avec autant d'énergie que de simplicité, ses sentimens et ses vœux pour le Gouvernement, pour le premier magistrat de la République, lorsque des larmes de joie et d'attendrissement coulant de tous les yeux, ont prouvé que ces sentimens étoient dans tous les cœurs, que ces vœux étoient ceux de l'auditoire. Général Consul, si vous aviez été témoin des élans de leur gratitude, vous auriez contemplé avec attendrissement l'ouvrage de votre sagesse; vous auriez apprécié la force de la justice sur des cœurs qui, après un siècle d'oppression, se voient rétablis dans l'exercice des droits de l'homme et du citoyen, que l'injustice leur avoit ravi malgré leur exactitude à en remplir les obligations. Pénétrés de ce bienfait, les protestans de l'arrondissement de Sommières, dont nous faisons partie, ont unanimement manifesté le desir de vous présenter l'hommage de leur reconnoissance. Nous nous félicitons d'avoir été choisis pour vous en offrir le tribut. Daignez, Général Consul, l'agréer comme un foible gage de notre soumission à la loi dont vous êtes le premier organe. Objets de votre tendre sollicitude, plusieurs millions de François qui professent la religion réformée, se reposant désormais sur votre justice du soin de maintenir leurs droits, n'auront à s'occuper que de celui de remplir leurs devoirs et de concourir à vos vues bienfaisantes pour le maintien de l'ordre, de la paix et de l'harmonie. Nous avons lieu de croire que les autres François qui, quoique divisés d'opinion avec nous, n'en sont pas moins nos frères, se réuniront pour ouvrir leur cœur aux délices d'une affection réciproque, et que sous la direction de ces hommes éclairés et vertueux que la Providence appelle à exercer au milieu d'eux un ministère de paix, loin de nous envier des avantages que votre justice nous a partagés, ils s'empresseront de mêler leurs chants d'allégresse à nos cantiques d'actions de graces. Qu'ainsi tous les membres de la famille livrés par vos soins paternels aux douceurs de la paix, de la fraternité, de l'abondance et de la félicité, confondront leurs efforts et leurs vœux pour la conservation de vos jours, la gloire du Gouvernement et la prospérité de la République.

(XXVII) *Le consistoire de l'église réformée de la commune d'Alais, département du Gard, au citoyen Bonaparte, premier Consul de la République françoise. — Alais, le 11 floréal an 10.*

Lorsque le premier guerrier de l'Europe en est devenu le pacificateur; lorsque la France, sauvée par votre fontagouse étendue au bonheur par vos lumières et vos vertus, se félicite de vous avoir confié ses destinées, au nom d'un Dieu de paix, nous élevons vers vous nos mains reconnoissantes. Comment pourrions-nous ne pas vous bénir à jamais! Le rétablissement des mœurs, de l'ordre et de la religion, la tranquillité dont la République jouit par vos sages réglemens, la liberté des cultes et la paix religieuse, tant de maux réparés, et tant de bienfaits répandus sur les François, ne peuvent que vous attirer l'hommage de nos cœurs et le juste tribut de notre plus vive gratitude. La soumission aux loix, l'amour de la patrie, la vénération pour son premier magistrat, et le concours en tout ce qui dépendra de nous pour le maintien de la justice et de la paix, seront toujours les plus sacrés de nos devoirs. Si la Divinité remplit nos vœux, celui qui fut toujours couronné des lauriers de la victoire, et qui enchaîna la justice à son char, sera le plus heureux comme il est le plus grand des hommes.

(XXVIII) *Le pasteur et les membres du consistoire de l'église protestante de Saint-Jean-du-Gard, au citoyen Général en chef des armées de la République et premier Consul. — A Saint-Jean-du-Gard, département du Gard, le 18 floréal an 10 de la République françoise.*

« La vie d'un grand homme est un flambeau sacré,
» Que le ciel bienfaisant, en cette nuit profonde,
» Allume quelquefois pour le bonheur du monde.....
VOLT.

Citoyen premier Consul: Il n'appartenoit en effet qu'au libérateur de la France, au pacificateur du globe, de devenir le restaurateur de la religion. Les autels sont rétablis, nos anciens temples vont sortir de leurs ruines; et c'est là votre ouvrage. Si le dernier soupir de nos ancêtres proscrits, fût pour la patrie, quel ne sera pas pour elle notre dévoûment et celui de nos générations naissantes? Les triomphes de la liberté ont immortalisé votre gloire; le triomphe du christianisme, sur la fausse philosophie, va lui donner un nouveau lustre. Il sera bien doux pour les réformés en particulier, de pouvoir célébrer en paix les bienfaits du ciel et les vôtres. Vivez, Général en chef et premier Consul, vivez pour le repos de nos consciences et le bonheur des François. Votre nom chéri, que la reconnoissance grave aujourd'hui dans tous les cœurs, l'étoit déjà sur la chaîne des siècles : il ne pourra s'en effacer que par l'embrasement du monde.

(XXIX) *Le consistoire des églises réformées de Bordeaux, département de la Gironde, à Bonaparte. — Bordeaux, le 26 floréal an 10.*

Premier Consul: Vainqueur de l'Europe, pacificateur du monde,

sauveur de la France, restaurateur de la religion, vous n'avez plus
de conquêtes à espérer, et la gloire n'a plus de titres à vous offrir....
Jouissez du fruit de vos travaux, à l'ombre des lauriers unis aux
branches de l'olivier. . . . Les militaires vous admirent, les philo-
sophes vous louent, les politiques vous respectent, les ennemis vous
estiment, les peuples vous bénissent, les chrétiens vous vénèrent,
les François vous adorent, et les protestans ne peuvent exprimer les
sentimens que vous leur inspirez.

(XXX.) *Copie de la lettre du consistoire de l'église réformée
de Tonneins, au citoyen Portalis, conseiller d'État, chargé
des affaires concernant les cultes. — Tonneins, le 28 floréal
an 10.*

Citoyen Magistrat : Permettez que des citoyens obscurs, mais
dévoués à la chose publique, réclament votre ministère pour adresser
au bienfaiteur de la patrie, l'hommage de leur admiration et de
leur profonde reconnoissance. Nos foibles voix sont incapables d'ajouter à la gloire du premier Consul; mais nous savons qu'heureux
du bonheur des François, il ne peut être indifférent à leurs bénédictions et à leurs vœux. . . . . On regrette d'être réduit pour
exprimer ses sentimens, aux moyens si souvent profanés par l'adulation ou
la terreur. Nous qui pouvons nous rendre le témoignage de n'avoir
jamais ployé le genou devant l'idole, qu'il nous soit permis cette
fois de mêler nos acclamations à celles qui retentissent de toutes parts.
D'autres célébreront les vertus militaires du Général Bonaparte,
ses vastes connoissances, son génie, à qui rien n'est étranger; nous
en parlerons aussi avec orgueil, mais nos ames se reposeront plus
doucement sur cette sagesse profonde qui embrasse les plus chers
intérêts des peuples, qui fait succéder à tant de persécutions, de
haines et d'animosités, le retour de cette religion bienfaisante qui
effraie le crime, qui console l'innocence, qui rapproche les ennemis
même par les motifs les plus énergiques et les plus touchans. . . . .
Désormais donc, selon l'expression de l'écriture sainte, chacun vivra
paisible à l'ombre de son figuier; chacun selon celle du grand
Henri, servira le Seigneur, sinon dans la même forme de religion,
du moins avec la même intention, et la France n'aura jamais mieux
mérité le nom de très-chrétienne. L'expression manque, nos cœurs
émus ne peuvent que bégayer des vœux; puissent-ils s'accomplir
pour le bonheur, la gloire de la Nation et de son premier Consul!
Et vous, Magistrat illustre, qui avez été jugé digne de concourir à
cette œuvre si utile et si belle, recevez aussi le juste tribut de notre
respectueuse gratitude; veuille le Seigneur que nous adorons, conserver long-temps à son église de pareils protecteurs, exaucer les-

vœux que nous lui offrons pour votre prospérité, votre gloire temporelle et votre bonheur éternel ! Agréez, citoyen Magistrat, l'expression de notre soumission aux loix et de notre respect pour ceux qui en sont les ministres.

(XXXI) *Les autorités administratives, militaires et maritimes, le tribunal et le conseil de commerce de la ville de Bordeaux, aux Consuls de la République. — Bordeaux, le 29 floréal an 10.*

Citoyens Consuls : Lorsque le premier Consul, après avoir pacifié le monde, et élevé au plus haut dégré la gloire et la puissance de la République, consommoit l'ouvrage de notre bonheur, votre prévoyante sollicitude voulut attacher par des liens durables notre destinée à la sienne, et fixer ainsi sans retour les incertitudes de l'avenir. Votre arrêté du 20, citoyens Consuls, en procurant au Peuple françois l'occasion solennelle de consacrer sa reconnoissance envers le héros qui mérita si souvent d'en être appelé la providence, est en même-temps un hommage éclatant rendu à la souveraineté nationale, le gage de la stabilité du gouvernement et celui de notre prospérité. Il vous appartenoit, citoyens Consuls, associés à sa gloire et à ses travaux, de conserver à la France l'homme dont le génie et le cœur sont éprouvés par tant de bienfaits et de prodiges !

(XXXII) *Les membres composant le tribunal criminel du département de la Gironde, séant à Bordeaux, aux Consuls de la République. — Bordeaux, le 27 floréal an 10.*

Citoyens Consuls : Après dix années d'agitations et d'allarmes, la République fut sauvée au moment où elle touchoit à sa dissolution. Plusieurs années sembloient à peine devoir suffire pour relever ses espérances, et déjà le gouvernement a fixé ses destinées. Il a ramené la paix dans l'Europe et dans les familles, dans les loix et dans les consciences. S'il ne fallut que quelques instans au génie, au courage et à la vertu pour poser les bases inébranlables du bonheur public, la nation vous demande d'en achever l'édifice. Elle pensera comme vous, citoyens Consuls, que pour rendre cet édifice éternel, pour réformer les mœurs par les loix et par l'exemple plus puissant que les loix ; pour faire refluer sur tant de citoyens froissés par les malheurs publics, leur part de la félicité commune ; pour rendre à l'agriculture ses honneurs, au commerce ses richesses, aux arts leur splendeur, aux sciences et aux lettres leur gloire et leur récompense ; pour assurer aux loix le respect qui leur est dû, à l'innocence sa tranquillité, au crime son inévitable châtiment ; enfin, pour tromper les coupables espérances, déjouer toutes les

intrigues , bannir toutes les allarmes et cicatriser toutes les plaies,
il faut la vie entière d'un grand homme. Nous regardons comme
un nouveau bienfait l'arrêté qui nous a permis de manifester d'une
manière particulière le vœu qui depuis long-temps étoit dans nos cœurs.

(XXXIII) *Le préfet , le secrétaire-général , le conseil de préfec-*
   ture du département de Saône-et-Loire et le maire de Mâcon,
   au second et au troisième Consuls. — Mâcon , le 20 floréal ,
   an 10 de la République.

Citoyens Consuls : Il étoit formé , il étoit proclamé le vœu que
votre arrêté du 20 de ce mois nous permet enfin de consigner sur
les tables de la nation ! Oui, sans doute, *Napoléon Bonaparte*
sera premier Consul à vie. Il n'est pas un citoyen de ce département, il n'est pas un François qui ne le desire , qui ne le veuille ,
et jamais la volonté du souverain ne s'exprima avec tant de force et
de liberté : elle est le résultat , non d'un mouvement éphémère et
irréfléchi , mais d'un enthousiasme que commandent et prolongent
depuis plus de deux ans, l'admiration, la confiance, l'amour et
la reconnoissance. Que Bonaparte soit toute sa vie le premier magistrat de la République ! Que sa vie soit aussi longue qu'elle est glorieuse et nécessaire au bonheur de la France ! Tel est le sentiment
dont nous sommes pénétrés. Vous , citoyens Consuls , qui avez si
dignement secondé ses travaux , partagé ses succès , vous avez de
justes droits à la reconnoissance d'une nation trop généreuse pour
être ingrate. Portez à Bonaparte le vœu des premiers fonctionnaires
publics de Mâcon ; il leur tarde de le lui exprimer avant qu'il soit
confondu dans celui de tous les François !

(XXXIV) *Les membres composant le conseil-général de Beauvais,*
   au premier Consul. — Beauvais , le 2 prairial an 10.

Général premier Consul : Le conseil-général du département de
l'Oise , pénétré du sentiment de ses devoirs , s'empresse de remplir
le plus sacré , en vous présentant tous ses hommages. A peine avez-
vous mis fin aux calamités de la guerre, vous nous offrez tous les
biens de la paix, et vous profitez de notre gloire et de la vôtre
pour assurer notre bonheur. Vous avez dit à l'Europe : je veux
que les peuples respirent, et l'Europe vous a répondu par les bénédictions de la reconnoissance. Vous avez dit à la religion de porter
le repentir dans le cœur du méchant, le pardon et l'oubli dans l'ame
du sage , et déjà le Peuple françois se rattache à des institutions si
malheureusement dédaignées. Oui , citoyen premier Consul, vous
réconciliez la France avec elle-même , avec l'humanité , la raison,
la politique, la morale et l'honneur ; mais lorsque vous travaillez à

son repos, elle a dû conspirer contre le vôtre. Eh! comment mieux
reconnoître de tels services qu'en en prolongeant la durée! C'est
rendre justice à votre génie, à votre cœur : c'est nous la rendre
à nous-mêmes, et c'est ainsi qu'une grande nation devoit honorer
un grand homme. Poursuivez, Général premier Consul, cette carrière où tant de succès vous attendent. La liberté vous a confié sa
puissance : elle triomphera par votre sagesse, comme elle a triomphé par vos armes. Puissiez-vous jouir long-temps de votre ouvrage!
puissiez-vous trouver constamment, dans votre ame, cette douce satisfaction que l'envie ne peut corrompre, et que la flatterie ne sauroit remplacer. C'est avec toute l'effusion des ames sensibles et des
cœurs vraiment françois, citoyen premier Consul, que les membres
du conseil-général vous assurent de leur respect et de leurs vœux.

(XXXV) *Le conseil-général du département de l'Aisne, aux*
    Consuls de la République. — Laon, le 2 prairial an 10.

Consuls : les bienfaits que vous avez répandus sur la France
avoient excité notre admiration et notre reconnoissance ; il nous tar-
doit d'être réunis pour vous les exprimer. En un an, vous avez
rendu la paix à l'Europe, mis fin aux troubles religieux et relevé
le culte de nos pères ; tous les jours l'ordre renaît dans l'administration, nos espérances mêmes sont surpassées. Vous avez tout fait
pour notre bonheur. La France va l'assurer pour long-temps en
nommant Napoléon Bonaparte Consul à vie ; elle lui doit ce témoignage de reconnoissance et d'amour.

(XXXVI) *Le département des Landes au premier Consul. —*
    Mont-de-Marsan, le 25 floréal an 10 de la République.

Que Napoléon Bonaparte soit Consul à vie. Que ses jours ne
sont-ils immortels comme sa gloire! Tel est le vœu unanime des
citoyens du département, et que les fonctionnaires publics soussignés
s'empressent de dévancer.

(XXXVII) *Le maire de la ville de Nangis, département de*
    Seine - et - Marne ; l'adjoint de la mairie, les membres du
    conseil de la mairie, les notaires publics, le maître de la poste
    aux chevaux, le greffier du tribunal de paix, les membres
    de la commission de l'hospice civil, le secrétaire de la mairie,
    le receveur de l'enregistrement, aux second et troisième Consuls.
    — Nangis, le 3 prairial an 10 de la République françoise.

Citoyens Consuls : Le génie de Napoléon Bonaparte, avec la
rapidité d'un torrent a renversé tous les obstacles. Il se change en
un fleuve qui comme le Nil fertilise les plaines des débris des

montagnes. La victoire et la paix sont les fruits du courage, de la sagesse du Général Consul. Des loix majestueuses sont encore le chef-d'œuvre de sa conception. Lui seul doit présider à l'exécution de toutes. La Providence le créa pour nous gouverner ; la reconnoissance le proclame Consul à vie ! Gloire et respects à ceux qui le secondent. Trop heureux le Peuple françois si sa carrière pouvoit être immortelle comme sa gloire.

(XXXVIII) *Le général Moncey, premier inspecteur-général de la gendarmerie nationale, au général Alexandre Berthier, ministre de la guerre. — Paris, le 6 prairial an 10.*

Citoyen ministre : Dès la réception de vos instructions sur les formes à observer, pour voter sur cette question : *Napoléon Bonaparte sera-t-il Consul à vie ?* J'ai fait ouvrir à l'état-major-général de la gendarmerie, un registre destiné à recevoir les suffrages des inspecteurs-généraux, officiers, sous-officiers et autres militaires de l'arme actuellement à Paris, de la legion d'élite, de la gendarmerie du département de la Seine, et des citoyens employés dans les bureaux de l'inspection-générale. Au terme prescrit par l'acte du gouvernement, j'ai clos ce registre, et j'ai l'honneur de vous le remettre, couvert d'un *oui universel*. Je ne ferai point valoir, citoyen ministre, l'enthousiasme de la gendarmerie et son unanimité de volonté, pour le consulat à vie de Napoléon Bonaparte ; ce n'est pas un mérite que l'instinct de sa propre felicité. Le sentiment de ce que Bonaparte a enfanté de prodiges pour la nation françoise, depuis le 18 brumaire, n'est-il pas le présage de ce que son vaste génie lui réserve encore de grand, de juste, de libéral ; et cette nation magnanime et reconnoissante appelée à prononcer sur ses destinées, peut-elle ne pas voter la stabilité de son bonheur, en en rendant le premier Consul, conservateur inamovible ! Puisse le premier Consul, ne passer à l'immortalité, qu'après tous les âges actuels ! puissent, sa satisfaction, nos vœux et notre amour reculer encore au-delà, les bornes de son existence humaine ! J'ai l'honneur, citoyen ministre, de vous saluer.

(XXXIX) *Le préfet, le conseil et le secrétaire-général de la préfecture du Puy-de-Dôme, au premier Consul. — Clermont-Ferrand, le 4 prairial an 10.*

Citoyen premier Consul : Un cri se fait entendre, Bonaparte est à Fréjus ; soudain l'espérance renaît dans tous les cœurs, elle adoucit le malheur des temps, et votre courage sauve l'État au 18 brumaire. Alors vous promîtes la victoire, la paix et le bonheur aux François. Fut-il jamais, citoyen premier Consul, des promesses plus scrupuleusement réalisées. Vous triomphez à Marengo, et en moins de deux ans, nos départemens ravagés par la guerre civile, jouissent des bienfaits de votre modération. Les partis se confondent, l'honneur national reprend son empire, la tranquillité succède aux déchiremens, des traités honorables assurent la paix aux deux hémisphères, et, pour ainsi dire, au même instant, vous terminez les dissentions religieuses par un code qu'on peut appeler le chef-d'œuvre de la conception humaine. La France, citoyen premier Consul, vous doit son bonheur et sa gloire. Votre conservation à la tête des affaires publiques, étoit un vœu fortement senti. Les citoyens du Puy-de-Dôme l'ont exprimé avec reconnoissance, et pour la première fois peut-être nos bons habitans des montagnes ont quitté leurs paisibles demeures pour consigner leur vote en faveur du héros qu'ils nomment leur sauveur. Cet hommage simple, sincère et affectueux, citoyen premier Consul, n'est pas indifférent pour une ame comme la vôtre. En vous portant l'expression de notre amour, de notre respect, de notre dévoûment, nous obéissons aux sentimens les plus chers à nos cœurs.

(XL) *Copie de la lettre écrite par le consistoire de l'église protestante d'Anduse, département du Gard, à Bonaparte, Général en chef des armées de la République, et premier Consul.* — *Anduse, le 10 floréal an 10.*

Il n'appartenoit qu'à un grand Général d'empêcher la chûte de l'Empire françois, et à un grand Politique d'en organiser la destinée. Lorsque, le 18 brumaire, la France vous proclama son chef, elle fut sauvée. Peu d'hommes sont faits pour tout finir; vous jouissez de ce dégré de gloire. Vainqueur de toute l'Italie, ce fut à Marengo que vous enchaînâtes la victoire, et c'est à Amiens que vous avez planté, en présence de l'Europe entière, l'olivier de la paix. Jusqu'ici, Général en chef et premier Consul, les rochers des Cévènes n'ont répété que vos exploits, maintenant ils retentissent des accens de la plus vive reconnoissance. Vous avez relevé nos sanctuaires, consacré les grands principes de la religion, que trop long-temps on avoit oubliés. La loi sur les cultes est promulguée, votre proclamation aux François, soit catholiques, soit protestans, chef-d'œuvre de morale et de politique, est publiée, l'allégresse est sur tous les visages comme la joie est dans tous les cœurs. Oui, Général en chef et premier Consul, dans toutes les chaires évangéliques, on le prononcera avec enthousiasme, votre nom ? On l'implorera avec ardeur, l'Être-Suprême pour la conservation de votre personne : nos enfans témoins de nos transports, se joindront à nos neveux, et répéteront d'un commun accord : vive Bonaparte ! le restaurateur des sciences et des

arts,

arts, le pacificateur des deux Mondes, l'ami de l'humanité, le soutien de la religion, le réparateur de la morale, le génie tutélaire de la France ! Règne long-temps sur nous, Bonaparte ! Reclus aux pieds de nos montagnes, vivant sans faste et sans opulence, vainement général et premier consul, aurions-nous l'orgueil dé nos grandes cités, d'élever des monumens à votre gloire ; ici vous n'aurez ni colonnes, ni pyramides ; une couronne de chêne fut jadis le présent qu'on offroit aux dieux ; le nôtre, c'est l'offrande des cœurs soumis et reconnoissans.

(XLI) *Le préfet du Cantal, le secrétaire-général, les conseillers de la préfecture, au premier consul de la République françoise. — Aurillac, le 24 germinal an 10.*

Citoyen premier Consul : La rapidité de vos bienfaits égale celle de vos victoires. A la pacification de l'Ouest succéda la paix continentale, et nous allions vous féliciter sur le *traité d'Amiens*, qui donne le repos au monde et la vie au commerce, lorsque nous voyons paroître la convention religieuse, qui assied l'édifice de nos loix sur les fondemens éternels de la morale et de la religion. Le bien est consommé : puisse-t-il se perpétuer avec vos jours ! . . . .

(XLII) *Le préfet, les conseillers et le secrétaire-général de la préfecture du département du Finistère, au citoyen Bonaparte, premier Consul de la République françoise. — Quimper, le 24 germinal an 10.*

Général Consul : L'espoir des François est enfin réalisé, et le traité glorieux, signé sous vos auspices, cimente la paix générale que nous devons à *votre génie pacificateur.* L'Europe vous doit son repos, la France sa gloire et son bonheur. O vous, citoyen Consul ! qui, dans le tumulte des armes, ou dans le silence des méditations, devenez tour-à-tour le héros ou le bienfaiteur de votre patrie, recevez avec bienveillance l'expression de la reconnoissance des habitans du département du Finistère, qui compteront encore au nombre de vos plus grands bienfaits, la paix religieuse dont vous venez de poser les bases.

(XLIII) *Le préfet de la Dyle au premier Consul. — Bruxelles, le 20 prairial an 10 de la République françoise.*

Général Consul : *Que Bonaparte soit Consul à vie,* tel est le vœu émis par plus de 50,000 mille citoyens françois du département de la Dyle, tel est celui qui s'élève à-la-fois de tous les points de cette vaste République. L'enthousiasme universel dont la nation paroît saisie dans cette grande circonstance, a ce caractère distinctif et particulier, que le jugement le plus froid n'en est pas moins susceptible que l'imagination la plus ardente, et qu'il peut se rendre compte à

D*

lui-même du mouvement qui semble l'emporter. Si tous les citoyens
de ce département avoient été admis à motiver leur vœu, on liroit
à côté de chaque nom : » Que Bonaparte soit Consul à vie ! parce
» qu'il a sauvé son pays et terminé la plus terrible révolution ; parce
» que ses mémorables exploits ont élevé la France au sommet de la
» gloire ; parce qu'il a pacifié l'Europe , qu'un autre à sa place ,
» peut-être , eût voulu conquérir ; parce qu'il a r'ouvert les sources
» obstruées du commerce et de l'industrie nationale , qu'il a honoré
» l'agriculture, protégé les sciences , encouragé les arts ; parce qu'il
» a mis un terme aux dissentions religieuses, établi la véritable liberté
» des cultes et replacé l'édifice social sur les antiques bases de la
» religion et des loix ; enfin, parce que le repos, la prospérité , la
» gloire de la France sont son ouvrage , et que la continuation du
» pouvoir entre ses mains habiles autant qu'heureuses , peut seule
» consolider ses immortels travaux. » Puissiez-vous, Général Consul,
trouver dans cette expression de la reconnoissance des habitans du
département de la Dyle ; dont je suis en ce moment l'organe auprès
de vous , une preuve nouvelle de leur affection et de l'admiration
dont ils sont justement pénétrés.

(LIV) *Les juges composant le tribunal d'appel séant à Rouen,
au premier Consul. — Rouen, le 26 thermidor an 10.*

Général Consul : En prenant les rênes du gouvernement, vous
nous aviez promis la victoire et la paix. La République n'a plus
d'ennemis au-dehors ; l'ordre regne au-dedans , et par-tout la loi a
repris son empire. Quelque confiance que nous inspirât votre génie,
et quoique vous nous eussiez en quelque sorte accoutumés aux prodiges, nous n'osions nous flatter de voir en si peu de temps vos promesses remplies, et nos espérances réalisées. Vous avez étonné l'Europe comme guerrier, vous avez étonné la France comme négociateur
et comme politique : tous les obstacles ont disparu devant vous ; vous
avez projeté et conclu le traité de paix avec la même rapidité que
vous avez conçu et exécuté le plan de campagne qui a fixé les destinées de la République. Le peuple françois dont vous avez dirigé les
efforts et le courage , vous doit la gloire et la considération dont il
jouit auprès des autres puissances ; mais après tant d'agitations, *il
veut le repos ;* après tant de sacrifices, *il désire le bonheur ;* et c'est
de vous qu'il attend ces loix sages, ces institutions bienfaisantes qui
doivent rétablir la paix et l'harmonie dans les familles ; ranimer les
arts, l'industrie ; encourager l'agriculture et le commerce, et r'ouvrir
toutes les sources de la prospérité publique. En vous investissant de
la suprême magistrature pour tout le cours de votre vie , il vous a
imposé une obligation qu'il vous sera doux de remplir, celle de le rendre
heureux ; vos talens, vos lumières, vos pensées, vos méditations, tout

est à lui ; il s'est pour-ainsi-dire, approprié tous les momens de votre existence. Ce peuple si bon, si magnanime ne sera pas trompé dans son attente : vous lui ferez oublier *les maux qu'une longue révolution lui a fait éprouver.* Son amour et sa reconnoissance seront le prix de vos peines et de vos travaux. C'est ainsi qu'une grande nation paie les services qu'on lui a rendus ; et c'est pour les ames nobles et généreuses la plus belle et la plus douce des récompenses.

(XLV) *Le préfet du département de Saône et Loire, à Bonaparte, premier Consul. — Mâcon, le 21 thermidor an 10.*

Général premier Consul : Permettez qu'avant de recevoir officiellement le sénatus-consulte du 16 de ce mois, je m'empresse de vous exprimer particulièrement les sentimens de joie que j'éprouve. Toutes les craintes, toutes les espérances formoient le vœu que le sénat vient de proclamer. Organe du peuple françois, il est en même-temps *l'interprète de l'Europe.* Il m'est bien doux de penser que le département que vous m'avez confié, a pris l'initiative d'une loi qui fixe les destinées de la France dans les mains qui les ont faites, et qui met le sort de la République à l'abri des incertitudes de l'avenir. Agréez, général premier Consul, l'expression de mon dévouement et de mon profond respect.

(XLVI) *Le préfet du département de Seine-et-Marne, le secrétaire-général de la préfecture, les membres du conseil de préfecture, les membres du tribunal criminel et de première instance, le maire et adjoints de la ville de Melun, les chefs d'administrations et autres fonctionnaires publics résidans au chef-lieu du département, aux second et troisième Consuls. — Melun, le 22 floréal.*

Citoyens Consuls : Demander au peuple françois si Napoléon Bonaparte sera Consul à vie, c'est lui demander s'il veut que la gloire et le bonheur de la France soient durables. Ah ! sans doute, il ne peut y avoir qu'un vœu sur cette importante question. En y répondant, citoyens Consuls, nous ne croirons pas nous acquitter envers le premier Consul, du tribut de la reconnoissance que nous vous devons aux bienfaits qu'il a si rapidement versés sur notre patrie; nous ne ferons qu'ajouter à cette dette sacrée que nos cœurs seuls peuvent lui payer. Dans la solemnité de ce nouveau contrat, toutes les charges sont pour le génie qui nous a sauvés, tous les avantages sont pour nous. Daignez agréer, citoyens Consuls, notre *reconnoissance* pour le bienfait signalé que la France reçoit de vous par l'initiative que vous venez d'exercer. Elle égale le respect que nous portons aux plus intimes co-opérateurs des travaux de Bonaparte.

(XLVII) *Le pasteur, les anciens, et les notables des églises protestantes de Durfort, Saint-Nazaire, et Logrian, département du Gard, au premier Consul de la République françoise. — A Durfort, le 18 floréal an 10.*

Citoyen Consul : Toujours persécutés, proscrits ou méconnus sous les rois, la révolution nous fit espérer de n'être plus étrangers dans la cité qui nous avoit vu naître. Vous avez entièrement réalisé cette douce espérance. Oh ! Bonaparte ! si notre foible voix pouvoit arriver jusques à vous, si elle pouvoit vous transmettre les vœux que nous adressons en votre faveur à celui qui préside à nos destinées, et les accens de notre reconnoissance, vous verriez avec quelle effusion de cœur nos vieillards aiment à parler de celui dont la gloire et les travaux surpassent tout ce que l'antiquité nous offre de grand ; de celui dont les connoissances, les talens et les vertus semblent devoir établir la prospérité de notre République sur le rocher des siècles, et la préparer à devenir bientôt l'admiration de l'Univers. Vous verriez nos épouses et nos mères verser des larmes d'attendrissement et de joie toutes les fois qu'elles entendent prononcer votre nom : elles savent, qu'à vous, elles doivent de n'avoir plus à craindre de voir le fléau exterminateur de la guerre enlever les objets de leurs plus tendres affections. . . . Vous verriez avec quel vif intérêt, avec quel vif sentiment d'estime, d'affection et de dévouement nous aimons tous à nous rappeler celui à qui nous devons l'obligation de voir notre culte et nos ministres reconnus par les loix de l'état. Vous verriez avec quelle admiration, avec quel enthousiasme nous suivons la marche rapide de votre génie, qui étouffe d'une main l'horrible discorde, désarme l'affreuse intolérance, et qui de l'autre, ramène dans le sein de notre patrie les bonnes mœurs, l'union, la concorde, la paix et le bonheur. Oh ! Bonaparte ! nos vœux, nos bénédictions, ne seroient pas pour vous un spectacle indifférent ; nous nous plaisons même à croire qu'il pourroit quelquefois alléger le pénible fardeau que nous avons placé sur votre tête avec la première magistrature.

(XLVIII) *Le conseil-général du département des Hautes-Pyrénées, au citoyen premier Consul.*

Au milieu des événemens mémorables que chaque jour voit se succéder avec rapidité, et qui fixe *avec admiration les regards de l'Europe* sur le peuple françois, c'est un devoir bien précieux pour le conseil-général du département de vous exprimer les sentimens de reconnoissance dont sont pénétrés les citoyens. Avant l'époque heureuse du 18 brumaire an 8, nous étions plongés dans l'abîme ; nous étions l'épouvante des autres peuples, exemple effrayant des maux que peuvent produire les passions déchaînées. Les nôtres étoient si grands, ils nous sont encore si présens, qu'à peine pouvons-nous croire au bonheur dont nous jouissons. Il falloit un héros qui fût un sage et profond politique; *la Providence* l'a réservé à la France, en veillant à la conservation de vos jours si souvent menacés. Déjà vous avez atteint le suprême degré de la gloire militaire; mais elle passe, et les lauriers du guerrier sont teints du sang des peuples et arrosés des larmes des citoyens. Il vous restoit une gloire plus grande à acquérir; c'est celle de faire le bonheur d'un grand peuple, et celle-là est immortelle : vous avez commencé à la remplir, et vous la remplirez entièrement, la plus belle destinée qui puisse être réservée à un mortel. Toutes les espérances sont tournées vers vous; déjà par vous la paix accordée au monde, la paix rétablie parmi nous (œuvre plus difficile encore) la religion rendue au peuple, des malheureux et des familles entières traînant depuis long-temps leur infortune dans des pays lointains et parmi des étrangers peu compatissans, rendus à leur patrie par un gouvernement qui les rappelle, sont des actes qui signalent d'une manière honorable les premiers pas de la carrière pénible que vous suivez. Ces bienfaits, sans doute, suffiroient pour transmettre votre nom avec reconnoissance à la postérité la plus reculée; mais ce n'est encore qu'une foible partie de ce qui reste à faire, de ce que le peuple françois, et *même l'Europe*, attendent de vous. Vous avez l'initiative des loix, soyez le législateur d'un grand peuple; donnez-lui des loix durables, du moins autant que les choses humaines peuvent durer : des loix qui assurent son bonheur après vous, le rendent indépendant des personnes appelées à le gouverner, et *fixent le repos de l'Europe ;* des loix enfin que les autres peuples envient, et qu'ils puissent imiter sans éprouver les maux des révolutions. Telle est l'espérance que le peuple françois fonde sur vous.

(**XLIX**) *Les maire et adjoints , le secrétaire de la mairie , les membres du conseil municipal , le commandant de la gendarmerie , les officiers de la garde nationale , le directeur de la poste aux lettres , tous résidans dans la commune de Guines , arrondissement de Melun , département de Seine et Marne , aux second et troisième Consuls. — Guignes , 26 floréal an 10 de la République.*

Citoyens Consuls : Vos vœux sont les nôtres ; leur expression est un bien foible tribut de notre reconnoissance envers le sauveur de notre patrie. Ah ! sans doute, il est dans le cœur de tous les françois reconnoissans et amis de l'ordre, que le génie qui nous a sauvés, le pacificateur du monde, soit Consul à vie. L'assurance de leur gloire, de leur bonheur, de leur grande destinée, en est dépendante. Toutes les charges sont pour lui, et la félicité pour nous. Votre appel, citoyens Consuls, a donné l'essor aux sentimens de nos cœurs. Agréez notre vive reconnoissance, et pour l'heureuse initiative que vous venez d'exercer, et pour votre intime coopération aux travaux immenses du génie tutélaire de la France.

(L) *Les membres composant le tribunal civil de première instance séant à Amiens, au citoyen premier Consul de la République françoise. — Amiens, le 22 thermidor an 10.*

Citoyen premier Consul : C'est bien moins pour votre bonheur que pour celui de la France, disons mieux, pour celui peut-être *de l'Europe entière*, que vient d'être émis par l'universalité des François le vœu qui fixe près d'eux vos précieuses destinées ; cette vérité néanmoins, déjà justifiée par tant d'événemens, auroit-elle besoin de démonstration ? Nous n'oserions essayer de le faire ; ce seroit entreprendre votre éloge, et en pourra-t-il jamais être qui ne soit bien au-dessous de son objet, puisqu'avec lui rien ne nous paroît pouvoir être comparé que les sentimens de respect, d'amour, de reconnoissance et de vénération qui nous animent, et dont nous a pénétrés la réunion sans exemple que vous offrez de tous les talens et de toutes les vertus.

(LI) *Rapport présenté au premier Consul de la République par le ministre de l'intérieur, le 13 Messidor an 10.*

Citoyen premier Consul : Vous n'avez pas voulu que vos contemporains consacrassent par des monumens publics votre gloire et leur reconnoissance ; mais la postérité que votre modestie ne sauroit contraindre à se taire, acquittera cette dette de la génération présente. En attendant, la commune de Montpellier vous présente un hommage que la piété filiale vous interdit de refuser ; il s'adresse à l'auteur de vos jours dont les restes reposent dans le sein de cette commune. J'ai l'honneur de soumettre à votre approbation la délibération du conseil municipal de cette ville.

Salut et respect, CHAPTAL.

Extrait du registre des délibérations du conseil municipal de la ville de Montpellier.

Le conseil municipal de la ville de Montpellier, extraordinairement assemblé dans une des salles de l'hôtel commun, et les membres qui le composent se trouvant réunis au nombre exigé par la loi. Un

membre a dit : » Le père de Bonaparte est décédé dans cette commune
» le 24 février 1785 ; il y a été inhumé. Je propose de saisir cette in-
» téressante circonstance pour élever un monument à la gloire du premier
» Consul. Voici de quelle manière je voudrois rendre mon idée : à
» gauche un piédestal ; au milieu la ville de Montpellier, accom-
» pagnée de la religion et autres figures, montrant de la main droite
» le piédestal, et soulevant de la main gauche le couvercle du tom-
» beau ; au-dessous cette inscription :

SORS DU TOMBEAU ; TON FILS NAPOLÉON
T'ÉLÈVE A L'IMMORTALITÉ.

Le conseil municipal a accueilli avec empressement cette heureuse
idée, qui, déjà communiquée par le même membre à ses collègues, avoit
fait naître vivement dans leurs cœurs le desir de son exécution. Il a pensé
que ce monument seroit à-la-fois celui de la gloire paternelle, de la piété
filiale et de la reconnoissance publique, et que c'étoit un avantage
de circonstance précieux pour la ville de Montpellier que d'avoir
occasion de rendre à la mémoire du père d'un grand homme un hommage que lui mérite le bonheur dont son illustre fils fait jouir les
François. Il a pensé que, quoique la plus haute élévation de gloire
ne dût être que personnelle, tous les cœurs devoient éprouver un
sentiment de respect et de réconnoissance pour l'auteur des jours de
Bonaparte, de ces jours si précieux à la France. Il a pensé qu'honorer la cendre du père, c'étoit parler au cœur du héros, et lui
donner un touchant témoignage du respect, de l'amour et du dévouement des habitans de cette ville. Le conseil municipal a adopté
à l'unanimité le projet d'un monument à élever aux mânes du père
de Bonaparte, a ajourné la discussion du plan et de l'exécution, et a
délibéré que le vœu qu'il vient d'émettre seroit transmis dans le plus
court délai, et dans les formes légales, au gouvernement pour obtenir
son autorisation. Fait et délibéré en conseil municipal de la ville de
Montpellier, le 5 prairial an 10 de la République françoise.

II.

Peut-être, alors, que cet ouvrage, et un autre que je médite dans la confiance d'être généralement utile, prouveront jusqu'à quel degré, j'ai toujours ambitionné, et constamment tâché durant plus de trente ans de ma vie, d'avancer le bonheur public, selon mes humbles moyens. Page iij.

L'Ouvrage que je médite sera le résultat de trois ou quatre (*) ans, peut-être même plus, employés à parcourir régulièrement la France et l'Italie. Cet ouvrage, en parlant de tout ce que le premier Consul et ses Chaptals y ont fait et y feront, pourra être utile et aux états gouvernés par Bonaparte, et à ma patrie, et à toutes les nations, et à la postérité.

On verra que dans tous les articles de cet appendice je cherche à me rendre utile à une classe de mes lecteurs ou à une autre. Qu'il me soit permis, ici, de parler de mes intentions ! sur-tout, comme je ne demande pas mieux que de m'aider, humblement, des lumières des autres; de celles des Grégoire, des Huzard, des Parmentier, etc. qui ont, déjà, depuis la paix, passé la mer qui nous divise, pour éclairer les deux pays. Je désirerois, aussi, connoître un *médecin littérateur*, et un *dessinateur*, dignes (puis-je dire?) de m'accompagner : un *médecin* littérateur — car la vie que mène un médecin dans ses courses solitaires l'a forcé à penser : son éducation et ses études, qui ont eu nécessairement pour objets la botanique, la minéralogie, la chimie, l'histoire naturelle, et sur-tout la nature humaine, ont dû rapprocher ses méditations de mes vues d'utilité universelle. Je ne puis pas répondre pour la France ; mais je sais bien que c'est aux médecins anglois que le monde doit les ouvrages les plus

---

(*). A ne donner que quinze jours à chacun des 103 départemens de la République françoise.

profonds,

profonds , et peut-être les plus utiles , que mon pays ait
produits.

Nous avons assez de *voyages sentimals* (*) de *voyages
littéraires* , de *voyages pittoresques* , de *voyages philo-
sophiques* : j'appellerai celui-ci

» V O Y A G E   D ' U T I L I T É

» *dans les deux Républiques dont Bonaparte est le chef.* »

Avec quelle curiosité , quel intérêt , quel empressement,
ne lirions-nous pas , aujourd'hui , un ouvrage , tel qu'in-
dique ce seul mot d'UTILITÉ , rédigé par un ami de l'humanité ! pendant que Henri IV , secondé par son Sully,
après avoir tranquillisé la France , travailloit à la rendre
florissante , et , ce qui vaut encore mieux , à la rendre
heureuse ; pendant que ce bon roi cherchoit à donner,
au moindre paysan , les moyens de mettre la poule au pot,
tous les dimanches (**).

Mais ce qui regarde l'intérêt et la curiosité , est assu-

(*) Qu'il soit permis à un étranger , le compatriote de Sterne , de
douter si ce mot , qui n'est point dans le dictionnaire de l'Académie ,
peut avoir un pluriel.

(**) Que mes jeunes lecteurs françois décident , pour former leur
goût , entre l'expression que j'ai copiée du *nouveau dictionnaire historique* , tome IV , page 421 , col. 1 , et celle de l'auteur de l'*esprit de
Henri IV* (à Thionville , 1776 , p. 80 de l'*esprit* , et p. 76 des *lettres*),
et même du judicieux Laharpe , dans son éloge de Henri IV (seconde
note). Ces derniers font dire à ce bon roi : « Je veux que le moindre
» paysan *mette une poule dans son pot* le dimanche. »
Est-ce que le bon *Berret* , avec ses *fromages de bœuf* , reconnoîtroit
là le langage de son Henri ?
Il est singulier que je ne trouve pas ce trait caractéristique dans
l'*Histoire de la Vie de Henri IV* , par M. de Bury ; et encore plus
extraordinaire que M. Collé ne se soit pas servi de ce mot attendris-
sant dans *La partie de chasse d'Henri IV* , aussi bien que de l'anecdote de Sully. Quand le roi soupe avec Michau et sa famille (acte 3 ,
scene 11) , rien n'étoit plus aisé , ou plus naturel , que de faire bénir
ce bon roi par la belle Cateau , parce qu'il « veut que le moindre
» paysan *mette la poule au pot* , le dimanche ».
Quant aux variations qu'a subies ce langage paternel — c'est assez
d'avoir altéré le style de M.me de Sévigné , comme on a osé faire dans
les dernières éditions. C'est trop de porter une main audacieuse sur
des expressions couronnées par la naïveté et le goût , et consacrées
par le respect et la renommée. On a assez changé de notre temps.
Laissez-nous , de grace , les grands hommes des siècles précédens ,
tels que le bon Dieu les faisoit.

E

rément le moindre service que j'ambitionne de rendre à notre âge et aux âges futurs.

Un paysan a-t-il des poules, d'une meilleure espèce que nous n'en aurons vu dans d'autres départemens (pas plus belles, plus *pittoresques* ; mais plus grandes, plus nourrissantes, plus économiques, plus fécondes) ? C'est dans la cabane du paysan, que mon dessinateur se servira de ses crayons : c'est d'après le rapport de la femme que j'écrirai tout ce qui peut être *utile* sur le chapitre de ses poules.

Si je ne néglige rien, ni grand, ni petit, dans ce genre, qui m'accusera de n'avoir pas inventé ou raconté quelque anecdote touchante, concernant la famille de mes paysans ? de n'avoir pas trouvé des ressemblances imaginaires entre mes paysans et les Romains ? de n'avoir pas fini, de mémoire, des dessins de paysages ; esquissés au moment avec assez d'invention ; et assez inutiles, quand ils sont enfin achevés ? Et, si nous descendons jusques aux poules de Henri IV, qui croira que nous oublierons, dans notre pélérinage d'*utilité*, les moutons, les bœufs, les chevaux ; les charrues, les machines, les âteliers ; les arbres et les montagnes, les mines et les plantes, les canaux et les rivières ; les hommes même, et tout ce que les hommes ont pu inventer et exécuter de vraiment UTILE ?

Ces détails apprêteront peut-être à rire, à quelques-uns de mes lecteurs ; sur-tout en France.

A la bonne heure ! Mais je voudrois bien, Messieurs et Mesdames, les rieurs et les rieuses, que vous prissiez la peine d'examiner si vous avez effectivement raison de rire.

Par exemple, je me trouve à Lille. Mon VOYAGE D'UTILITÉ dira moins, donnera moins de détails, sur l'*esplanade*, sur *la rue nationale* (ci-devant *royale*), sur *le cirque*, sur *la citadelle* de Vauban ; que sur les fabriques de fil, de toile, de camelot, de dentelles, etc, et même sur les charriots-à-chien. Je ne sais pas, si je ferai graver la porte des Malades, la plus belle de France, faite par Volans et érigée par le magistrat en 1682 à la gloire de Louis XIV ; si je décorerai mon ouvrage de gravures d'après les tableaux de Vandick et de Rubens, que la révolution a arrachés aux églises, où ils étoient

presqu'adorés : mais assurément on verra gravé un endroit
près de Lille, où l'on trouve assez de moulins à vent pour
occuper une armée de Dom Quichottes : mais on verra un
fidèle et *utile* dogue, qu'on ne veut vendre à aucun prix,
tirant un poids de 2,200 livres : mais on verra, et on ai-
mera à voir, les moindres Lilloises, après avoir été le
matin à l'église, depuis peu restaurée, prier le bon Dieu
pour elles et pour Bonaparte, ou bien pour Bonaparte et
pour elles, assises sous les heureuses et paisibles vignes
qui ombragent leurs humbles portes, faire de la dentelle
en chantant : pendant que les enfans, qui doivent être
nourris par leur travail, tâchent, avec leurs petites mains
et leurs bras dodus, d'arrêter les fuseaux de leurs mères.

Encore si l'on veut absolument dans ce siècle *savant*,
rire de tout ce qui est UTILE, je ne réponds pas de ne pas
consacrer plusieurs pages de notre voyage aux chiens de
Lille, presque le seul endroit du monde, excepté Mons
et le Kamtchatka, où ces animaux servent à autre chose
qu'à aboyer : et je ne sais si ces pages ne seront pas aussi
utiles que tout ce que je dirai sur les manufactures, sur
la dentelle, etc., ou sur la culture du colsa et les différens
usages auxquels on l'emploie.

Pendant que j'ai la plume en main, j'ai le bonheur de
recevoir une lettre d'un artiste, qui se laissera persuader,
j'espère, de m'accompagner, dans mon *Voyage* D'UTILITÉ.
Voici les propres mots dont il se sert ; sans qu'il sache le
titre que je compte donner à mon ouvrage. « Mon grand
» desir est, depuis long-temps, d'acquérir de la gloire ;
» et de payer, *noblement*, mon *tribut* d'UTILITÉ. Dix
» années de révolutions m'en ont, jusqu'ici, enlevé les
» moyens, et me menaçoient d'une nullité désespérante ».
C'est bien là le langage des talens, du génie. que l'ignorance ne peut pas comprendre. Oh ! puissé-je être assez
heureux pour trouver un médecin littérateur, françois et
bon françois, inspiré par les mêmes sentimens ! Assurément, il ne se fixera pas nulle part, avec moins d'éclat,
pour exercer sa profession, après qu'il se sera fait connaître
par un tel voyage, par un tel *tribut d'utilité*.

Pour moi, je ne sais pas comment je puis faire de ma
fortune et de mon temps un emploi plus agréable ou plus
avantageux.

Mon intention est de commencer mon voyage au prin-
temps de l'année prochaine (1804), et de publier successivement des livraisons selon que les graveurs auront fini
leurs travaux. Chaque volume parlera, sans doute, des
départemens voisins l'un de l'autre ; et, en passant souvent
par Paris, pour gagner les différentes parties de la France,
et pour me trouver au Nord pendant l'été et au Sud pendant l'hiver, j'aurai plusieurs occasions de perfectionner
tout ce qui regarde la ville, devenue, aujourd'hui, la
première de l'Europe par les trésors de l'antiquité qu'elle
possède.

D'Alembert, dans son éloge de Montesquieu, cite très-
bien l'expression d'un grand génie, « *un âge mûr pour
écrire* ». Il vaudroit encore mieux croire qu'il y a *un âge
mûr pour voyager*. Notre fameux Fox, en interrompant
l'histoire qu'il écrit, pour faire au même âge que moi un
voyage dans la ci-devant Belgique, la Hollande et la France,
partage mes sentimens à cet égard, et ceux d'un politique
habile, autrefois ambassadeur de France à Constantinople,
M. le duc de Choiseul - Gouffier, dont l'ouvrage rare, et
précieux dans son genre, me présente une utile épigraphe
pour le mien.

« J'eus le regret d'avoir fait ce voyage sept ou huit ans
» trop tôt. C'est, en effet, avec les yeux de la maturité
» qu'il importoit de voir un tel pays ; et peut - être, en
» général, est-ce dans cette époque qu'il faudroit placer
» les voyages ».

Voyage pittoresque de la Grèce, page 11.

9 782019 236489